ワンネスから授かった
「三種の神器」シリーズ 2

リミットブレイクマスターの最強法則

「限界突破」のスーパーメソッド！

山富浩司

ナチュラルスピリット

ワンネスから授かった「三種の神器」シリーズ　2

リミットブレイクマスターの最強法則

はじめに

本書を今、手にとってくださっているあなたは、**〝限界突破の達人〟となる大きなチャンス**をつかまれているかもしれません。

さまざまな夢や願いがあっても、これまでに「叶うこと」と「叶わないこと」があった理由が明確にわかり、このあとは次々と叶っていくことに驚かれるでしょう。

まるで〝幸せのジェットコースター〟に乗っているかのように、人間関係、お金、仕事、健康、プライベート……すべてが劇的かつダイナミックに好転していきます。

その好転の〝速さ〟にも驚かれるはずです。

この時期に本書を書かせていただいたのは、理由があります。

これから、日本を含めた世界規模の〝超激動〟がやってくるためです。

その衝撃をできるだけ最小限にとどめながら、希望に満ちた〝新たな時代〟をあなたから創っていただきたいという一心からです。

近年でも、国内では　二〇一一年三月に東日本大震災が起こっています。

世界規模では、二〇一九年一二月に中国の武漢市で新型コロナウイルス感染症の第一例目が報告されてから、わずか数カ月ほどの間に「パンデミック」と言われる世界的な混乱が引き起こされたことは記憶に新しいと思います。

近いうちに起こる〝超激動〟は、それらの比ではないはずです。

その衝撃により、「超二極化の時代」に入っていきます。

〝超二極化〟とは、人によって〝天と地〟の差のある世界です。

ひとりひとりが持っている「思い込み」通りの世界が広がっていきます。

〝不安〟や〝心配〟をベースにして生きている方は、これまで以上に不安や心配を生み出す世界を生きていくことでしょう。

半面、それらの「マイナスの思い込み」を手放された方は、豊かで幸せな日々が広がっていくでしょう。

それらの方々の世界の〝違い〟が鮮明になっていきます。

これまでも、世界規模の〝二極化〟や〝分断〟は進んできました。

現在は、それらの人々や状況が入り混じっている混沌とした世界です。

具体的には、ロシア・ウクライナ戦争に加えて、イスラエルでも戦争が勃発しています。

赤ちゃんや子どもたちを含む多くの善良な市民が巻き添えになって、尊い命が奪われています……


こうお話ししていると、このままでは、とてつもなく恐ろしい未来がやってくるのではないか…そう思われた方もおられるかもしれません。

でも、大丈夫です！

「備えあれば憂いなし」の言葉通りに、あらかじめ未来予測をしておくことで、大難が小難もしくは無難となります。

それどころか、ピンチをチャンスに変えることさえできるのです。

ピンチという〝風〟が強ければ強いほど、「マイナスの思い込み」を手放し、反転したときの「追い風」や「浮力」は、巨大なプラスの力となってくれます。

実際、今の世界の目を覆いたくなるような惨状は、一方では、私たちの「魂の覚醒」を促しています。

〝目覚めた〟人たちが増えてきていることは、世界や地球にとっても大きな希望です。

何ごとも「破壊と再生（スクラップ・アンド・ビルド）」の繰り返しです。古くなった家を建て替えるには、いったん古い家を壊します。そして、最新型の強くて頑丈な、住み心地のよい家を建てることができます。

近いうちに起こる〝超激動〟は、見方を変えると、〝素晴らしい世界になっていくための光の道筋〟でもあるのです。

〝超激動〟は、風にたとえるなら〝強風〟です。

無風状態は、海の上のヨットや帆船にとっては、波もおだやかで、とても心地よい状態です。

しかし一方では、その状態が長く続けば、ヨットや帆船は動くことができず、やがては水や食料も尽きてしまいます。

「もうだめだ……」そう思ったとき、〝強風〟が吹いたとしたらどうでしょうか？

強い風は、移動ができるチャンスとなり、大きな追い風となって目的地まで届けてくれるでしょう。

そのことと同様に、〝超激動〟は、「準備」さえしておけば素晴らしいチャンスとなります。

そのために**今、一番大切なことは、不安や心配などの「マイナスの思い込み」の〝手放し〟です。それだけで、素晴らしい世界に移行できます。**

本書では、前著の『エネルギーマイスター®』に続きまして、〝超激動〟に備えるために必要な『和の願望実現加速の「三種の神器《じんぎ》」』の一つである、『リミットブレイクマスター®』という最新メンタルメソッドの全貌を初公開させていただきました。

ワンネス（宇宙の中心、根源）からこの手法を授かってから十数年、これまでに数万人の方が大きな効果を実感されています。

それらの方々は、国会議員、大学教授、経営者、プロ野球監督、トップアスリート、住職、宣教師、セラピスト、カウンセラー、メンタルコーチ、ヒーラー等々、会社員の方から主婦、学生さんまでさまざまです。

日本人の方々のみならず、もちろん外国の方々にも効果が出ています。

特に心理学や脳科学、メンタルメソッドなどを深く学ばれている方ほど、その効果に驚かれます。

通常では十年以上かけて得られるような結果が数分で得られることも、決して誇張ではなく、珍しくありません。


「リミットブレイクマスター」の意味は、〝限界突破の達人〟です。

この手法をマスターすることで、自分自身で「マイナスの思い込み」を次々と手放しながら、〝夢の種〟を埋め込むことができるようになります。

そして、これまで叶わなかった夢や願い、目標が次々と叶っていくでしょう。

この〝願望実現を体現できるツール〟〝魂上昇のための具体的ツール〟を手に入れて、素晴らしい人生を歩んでもらえたなら、これほどうれしいことはありません。

あなたが豊かで幸せに包まれたなら、あなたのまわりにいる人だけでなく、世界や地球さえも豊かで幸せになっていくからです。

言い方を換えると、〝個別アセンション〟を通して〝集合アセンション〟を果たすことができるのです。

世界平和の鍵は「自分平和」です。

あなたの「思い」「感情」「エネルギー」は、そのまま世界に投影されます。

不要な「マイナスの思い込み」を手放して、ともにダイナミックに素晴らしい人生を創っていきましょう！

目次

第4章 リミットブレイクマスターの実践 99

第5章 「ワンネス」からのメッセージ 163

第1章

「マイナスの思い込み」を手放す

すべては「思い込み」の投影

この世界で起こっている〝すべて〟が、あなたの〝思っている通り〟と言われると、どう思われますか？

「そんなはずはない！」と思われるかもしれません。

実際には、〝思っている通り〟ではなく、**〝思い込み通り〟**の世界が広がっています。

「思う」ということは、自分自身が**自覚できる思考**です。

対して「思い込み」とは、思考の表層下にある**無自覚の〝本心の思い**（潜在意識）〟です。

たとえば、思考では「お金がほしい」と思っていても、本心では「それは無理だよ」と思い込んでいたら、その通りの状況となってしまいます。

つまり、〝無理〟の状況、お金に苦しむ日常が現実化されてしまいます。

人間関係、仕事、健康、ダイエット、禁酒、禁煙なども同じです。

必要に迫られた方が、「ダイエットするぞ〜」と〝思って〟いても、無自覚の本心の中にある潜在意識が、「それは無理だ」と〝思い込んで〟いれば、ダイエットはできません。「思考」よりも、「思い込み（潜在意識）」の力のほうが圧倒的に強いためです。

会社や組織も同じです。

経営者が売り上げの目標を決めて、組織で働く方々が「はい！ やります！」と〝思って〟いても、潜在意識（本心）で「それは無理だ」と〝思い込んで〟いれば、目標を達成することは絶対にできません。

それだけでなく、その状態で頑張り続けていると、心身が疲弊して重篤な症状が出たりします。

仮に目標を達成したとしても、会社で扱っている物やサービスを購入するお客様が不利益を被るような、〝不正〟や〝不誠実〟が形となって達成されてしまうかもしれません。

お客様は無知ではありませんので、不正や不誠実は必ず白日の下にさらされることになります。

昨今、大手企業の不正が次々と明るみに出ていますが、それも何かしらの「マイナスの思い込み」が形になった例かもしれません。

それほど「思い込み」の力は強いのです。

では、その強力な「思い込み」をよい面で持つようになるとどうなるでしょうか？

それまでは苦難の連続だったことが次々と反転して、奇跡のような素晴らしいことが起こるようになっていきます。

大げさではなく、〝奇跡が日常〟となっていきます。


たとえば、子どものころからずっと視力が弱かった人が、五十年後に人生で視力が一番よくなっている。

幼少期から「病弱」と言われ続けていた人が、数十年後に超健康体となっている。

医師から「長くは生きられない」と宣告され、遺書を書き、身辺整理をした人が、数十年後に奇跡のように健康を回復している。

半世紀もの間、「お金を得ることは難しい」と思っていた人へ、〝幸せなお金〟が自然と流れてきている。

幼少期から人間関係に悩んでいた人が、それまではいなかった親友や仲間と日々、幸せに暮らしている。

「仕事は歯を食いしばって頑張るもの」と思い込み、数十年、血と汗と涙の日々を送っていた人が、毎日が喜びであふれるようになっている。

幼いころから家庭に大きな問題があり、ずっと「自分には家族を持つことはできない」と思っていた人が、明るい家庭を築いている。

実は、これはすべて私自身のことです。

自分自身の「思い込み」がプラスに変わった瞬間から、こうしたことが次々と起こったのです。

「お金を得ることは難しい」という「マイナスの思い込み」を手放して、「お金は自然と流れるようにやってくる」という「プラスの思い込み」に変わったとたん、あるいは「人づき合いは難しい」という思い込みを手放し、「素晴らしいマインドを持った人たちの仲間の輪ができる」という思い込みに変えたとたん、または「仕事は歯を食いしばって頑張るもの」という思いを、「仕事は〝志事〟であり、自分だけでなく、みんなが笑顔になるような、ワクワクする楽しいことをするもの」という思いにしたとたん、〝その通り〟になったのです。

まるで〝奇跡〟のように聞こえるかもしれません。

これまでの〝常識〟では考えられないような超V字回復だからです。

ですが、これは私だけに起こっていることではありません。

『リミットブレイクマスター』の講座を受けてくださった方（私はリスペクトを込めて「虹の仲間」と呼んでいます）、全員に起こっています。一〇〇％の再現性があります。

実際、不思議なことではありません。

最先端の科学である量子力学でも、「〝思い込み〟が変わると現実も変わる」として、「多世界解釈」や「パラレルワールド理論」が科学的に提唱されているのです。

私や私のまわりにいる虹の仲間たちは、その科学的仮説を〝体現〟し、実証しているとも言えるでしょう。

やみくもに頑張ることは逆効果

「思考は現実化する」

この言葉を聞かれたことがある方は多いはずです。

でも、実際に次々と夢や願いを実現されている方は少ないようです。

かく言う私がそうでした。

二十代後半から、多くのお金と時間をかけて願望実現法や引き寄せ法を実践してきましたが、結果は惨敗でした。

〝思考〟に意識を向けながら、叶えたい夢や願いを紙に書き出して、それらが叶うことを強く念じました。

二十年以上の年月が経っていきましたが、書き出した内容とまるで反比例するように、私を取り巻く状況は悪化の一途をたどっていったのです。

日々、生きているのがやっとのような半死半生の世界でした。

今なら、その〝間違い〟がわかります。


思考だけでは、夢や願いは現実化しません。

思考が現実化するのであれば、ダイエット産業は存在しないはずです。

「ダイエットをしよう！」と〝思考〟すれば、ダイエットができるからです。

先にも触れましたが、「思考」と「思い込み」は似ているようですが、まったく違います。ダイエットで言えば、「ダイエットをしよう！」と〝思う〟部分が「思考」です。頭で思ったり、考えている部分です。

「思い込み」は、思考の奥にある「本心の思い（潜在意識）」です。「〇〇をするぞ！」と〝思って〟も、潜在意識で「それは無理だよ」とか「できなかったらどうしよう」などの「マイナスの思い込み」があれば、必ず失敗します。

また、願望実現法や引き寄せ法では、「強い思いは実現する」とよく言われますが、誤った解釈をされている方が多いようです。

思考のレベルで〝強く願う〟ことは、むしろ逆効果だからです。繰り返しになりますが、いくら思考で強く願っていても、心の中（本心の思い、潜在意識）で「それは無理だ」と〝思い込んで〟いると、その通りの結果、「無理」の状況となるためです。

思考で強く願うのではなく、**潜在意識の「思い込み」の領域まで、自身の夢や願いを〝落とし込む〟**ことが鍵です。

それさえできれば、今がどんな状況であっても、すべての夢や願いが次々と叶うようになります。

映画にたとえるなら、**あなたの本心の思い**（潜在意識）**は、「映写機」のようなもの**です。

何かを得たいと〝思って〟いても、本心で「それは無理だ」と〝思い込んで〟いると、映写機からは「無理」という場面が照らし出されます。

映写機のフィルムがホラー映画であれば、スクリーンにはホラー映画が映し出されます。

フィルムをディズニーの映画に変えると、ディズニーの映画が映し出されます。

であれば、何かの夢、願い、目標など叶えたいことがある人が、**やみくもに頑張ることは無意味**であることがわかるはずです。

本心の思い（潜在意識）では「それは無理だ」と思っているからこそ、やみくもに頑張ったり、現実と戦ったりしているのです。

言い換えれば、映写機からホラー映画が流されている状態で、いくら「ディズニー映画に変わって！」と願っても、それは変わらないことと同じだからです。

そのままの状態で頑張るのではなく、映写機のフィルムを変えれば、その場ですぐに解決

できます。

今まで叶わなかった夢や願い、目標などのすべてのことは、あなたの本心の思い（潜在意識）、つまり映写機の中には、「それは無理だ」という「マイナスの思い込み」のフィルムが入っていただけかもしれません。

本書で解説する『リミットブレイクマスター』の手法を使えば、誰もが自身で「マイナスの思い込み」を手放すことができるようになります。

その上で〝なりたい姿〟や〝得たいものを得ている場面〟などの「プラスの思い込み」を入れれば、自動的に夢や願いが叶うようになります。

「すべては思い込み通り」です。

「思考」ではなく、「思い込み」が現実化するのです。

潜在意識を味方につけよう

「思考」よりも圧倒的に力が強い「本心の思い（潜在意識）」を味方につけると、どうなるでしょうか？

どんな夢や願い、目標であっても、一〇〇％叶うようになっていきます。

「そんなこと、あるわけないよ〜」

そう思われた方、おめでとうございます！

それこそが、これまで夢や願いが叶わなかった〝ラスボス〟の「マイナスの思い込み」そのものだからです。

その「マイナスの思い込み」さえ外してしまえば、あとは叶うしかないのです。

ちなみに、夢や願い、目標が叶う〝時期〟については、ワンネス（宇宙の中心、根源）におまかせすることをお勧めします。

その人にとってベストの時期に叶えてくれるからです。

リミットブレイクマスターをマスターすると、それまでさまざまなデータやアプリのせいで動きがものすごく遅かったスマホやパソコンが、〝不要〟なデータやアプリを削除したとたんサクサクと快適に動くように、あなたの夢や願い、目標もサクサクと叶っていきます。

「頑張らなくてもうまくいく」、そんな夢のような世界が〝日常〟となっていきます。

「本心の思い（潜在意識）」の力の強さは、「思考」の比ではありません。

では、実際に潜在意識の力の強さを確かめるワークをしてみましょう。

潜在意識の力の強さを確かめるワーク

❶　右手、左手のどちらかを上げてみてください。
できましたね？

❷　次は、五秒間、息をとめてみてください。
これも〝思った通り〟にできたはずです。

❸　では、十秒間、心臓をとめてみてください。
……これは残念ながら（?）、できなかったでしょう。

この結果は、潜在意識の力によるものです。

潜在意識の働きは、「主人」であるあなたをサポートすることです。

ですので、右手や左手を上げるような、命に別条のないことに関しては、あなたの「思考」通りに行なうことができます。息をとめることでも、短い時間であればとめることができます。

ただ、心臓をとめたり、寝ている間に息をとめることなどは、命に関わってきますので、仮にそう〝思った〟（思考）としても潜在意識がストップをかけます。

潜在意識の力は、思考よりもはるかに強いのです。

だからこそ、夢や願い、目標を達成したいときには、やみくもにアクションを起こすよりも、まずは自身が無意識に持っている**「マイナスの思い込み」を手放す**ことがもっとも大切です。

「マイナスの思い込み」は、願望実現に対する大きな〝ブレーキ〟となるからです。

どれだけ叶えたい夢や願いを紙に書き出して、アファーメーションなどのプラスの言葉を使っても、潜在意識の中に「できなかったらどうしよう」「失敗したらどうしよう」「それは難しい」などの「マイナスの思い込み」があれば、〝その通り〟となってしまいます。
ブレーキをかけたままでは、車や自転車は前に進むことができないのと同じです。
ブレーキを外せば、ラクラクと前に進んでいきます。

「マイナスの思い込み」を持ったまま、頑張ることはとても危険です。
車のブレーキをかけたまま、アクセルを踏むことと同じだからです。そのまま走り続けると車は故障してしまいます。

叶えたい夢や願い、目標に対して、不安や心配、恐怖、「できなかったらどうしよう…」といった「マイナスの思い込み」を持ちながら頑張っていると、心身が疲弊します。場合によっては〝破壊〟されることもあります。

私自身、そうした〝心のブレーキ〟を持ったまま頑張り続けたのですが、あるとき糸が切れたように体が動かなくなりました。

〝うつ〟を発症したのです。

うつ以外にもパニック発作、心臓と胃の重篤な病気も併発しました。

あまりのつらさに人生を諦めかけていたとき、ワンネスから授かったのが、『マインドフルネスタッピング』『エネルギーマイスター』『リミットブレイクマスター』という「三種の神器《じんぎ》」でした。

文字通り、九死に一生を得て、今があります。

〝引き寄せ〟についても同じです。

力づくで引き寄せることは、ほとんどが逆効果となります。

その意味では、本来の「引き寄せの法則」は**「手放しの法則」**と言い換えることができます。

〝手放した〟うえで、思考に気をつけて、望む未来やプラスのことを考え、実践していると、夢や願いは叶うようになっていきます。

アクションを起こす前に、「マイナスの思い込み」を手放して、自身を整える。

それさえ〝先に〟行なえば、それまでとは比較にならないほど、人生はスムーズに好転していきます。

「マイナスの思い込み」の正体

ほとんどの人が持っている「マイナスの思い込み」の正体とは、いったいなんでしょうか？

それは、**大きく感情が揺れ動いたときの負の記憶**そのものです。

大きく感情が揺れ動いた出来事は、潜在意識に記憶されます。

その出来事の〝格納先〟は無自覚の領域ですが、当時と似たような場面に出くわせば、必ず発動します。

足がすくんだり、アクションが起こせなかったり、当時の怒りや悲しみの感情がよみがえってきます。

「マイナスの思い込み」は、無意識に入れられたものと、意図的に入れられたものとの二つがあります。

無意識的に入れられたものとは、事件、事故、犯罪、災害、トラブル等々、意図せずして遭遇した出来事の記憶です。

いわゆる〝トラウマ〟と呼ばれているもので、大きな心の傷となる場合がほとんどです。

そこまでハードなものではなくても、繰り返し言われ続けたネガティブな言葉（暗示）も、「マイナスの思い込み」となってしまいます。

こちらは〝洗脳〟状態と同じで、たとえば幼少期に、「あなたはダメな子ね」「病弱だね」「落ち着きがないね」「飽き性だね」「大丈夫？　あなたにできる？」「男の子（女の子）でしょ！」「お金を得るのは難しい」などと言われ続けることで、〝その通り〟の状態となっていってしまいます。

つまり、ダメで、病弱で、落ち着きがなく、飽き性で、何もできない、お金に縁のない人になっていくのです。

かつての私そのものです。


声をかける側が意図的ではなくても、無意識にマイナスの言葉を発しているのは、たいていの場合は私たち大人です。

特に両親の言葉の影響は大きいでしょう。その他、兄弟姉妹や祖父母、学校の先生など、身近な人たちです。

子どもに対して、「マイナスの言葉」を浴びせることは危険です。子どもの一生を奪ってしまうことにもなりかねません。

その意味でも、これからは子どもに限らず、どんな人に対しても、さらに言えば、〝**自分自身**〟に対しても、やさしくプラスの言葉をかけてあげてくださいね。

意図的に入れられた「マイナスの思い込み」

もう一つ、意図的に入れられた「マイナスの思い込み」があります。

「意図的に入れるなんてことがあるの？」

そう思われる方もおられるかもしれませんが、実際には〝多々〟あります。

ここでは詳しく触れませんが、日本人の精神性の高さに脅威を抱いた外国人によって、日本の敗戦を機にあらゆる手段を使って、日本人に数々の「マイナスの思い込み」を刷り込んでいます。

日本に限らず敗戦国ではほぼ例外なく、そうした戦勝国による〝洗礼〟を受けています。これは歴史的事実です。

そのほか、親や学校の教師、経営者、政治家などの中にも、子どもや生徒、従業員、国民などを自分の意のままに〝コントロール（支配）〟したいと思っている人たちが、残念ながら一定数います。

昨今の大手企業や組織のパワハラ、セクハラの不祥事なども、そのことを表わしています。

そうした影響を受けないための「心の防御法」を知っておくことは、とても大切です。何よりも安心できる〝心のお守り〟となります。

本書で解説する『リミットブレイクマスター』の手法は、あなたの人生を照らす、かけがえのない大きな〝光の杖〟となるはずです。


約半世紀にもわたって、「マイナスの思い込み」に苦しんでいた私であっても、**「まず〝手放す〟」**ことの大切さを知り、リミットブレイクマスターを実践してからは、わずか数カ月のうちに人生が大好転したのです。

この法則を今、知られたあなたであれば、私よりも早く結果を出すことができるでしょう。

もし、今、ピンチに直面している方でも大丈夫です！

「マイナスの思い込み」を手放すだけで、人生は大きく開けていきますから。

〝ワクワク〟に潜む落とし穴

夢や願望を実現したり、引き寄せを起こすには、〝ワクワク〟が必要であるとよく言われています。

ただ、注意が必要です。

「マイナスの思い込み」を持ったまま〝ワクワク〟を選ぶことには、危険が潜んでいるからです。

たとえば、心の中に〝強い怒り〟がある方がいるとします。

その人にとってのワクワクとは、怒りの対象者への〝仕返し〟かもしれません。

仕返しまではいかなくても、強い怒りの〝ストレス発散〟が、その人にとってのワクワクかもしれません。

アニメ『ドラえもん』で、お母さんにこっぴどく叱られたジャイアンが、偶然見つけたのび太くんを叩いたりして、「あ〜、スッキリした〜」と喜んでいるのと同じ状態です。

すでにパートナーがいる人に対して、過度の恋愛の気持ちを抱くこともそうです。ワクワクするでしょうが、そのことで傷ついてしまう人もいます。

お金も同様です。

「収入が○○円を超えました！」とSNSに投稿することによって、ワクワクされる方もいるかもしれません。

でも、承認欲求が満たされて、一時は達成感が得られたとしても、自分より収入の多い人が必ず目に入ってきます。

そうすると現状に満足できなくなり、また頑張らざるを得なくなるでしょう。

それは本末転倒です。お金を得るための人生になってしまうからです。


モノやお金を得ることは、目的ではなく手段です。

人生の目的は、幸せに生きること、その幸せの輪を広げていくことではないでしょうか。そんな〝シンプル〟なものではないでしょうか。

あなたがありのままのあなたであることが、ワンネス（宇宙の中心、根源）**からの素晴らしいギフトそのものです。**

「マイナスの思い込み」を持ったままでは、ありのままの自分を認めることができず、いわゆる自己肯定感が低くなり、際限のない〝比較の世界〟に生きることになります。

本書で提唱しているメソッドは、夢や願いが叶ったときに自分だけではなく、まわりにも幸せが広がっていく**「和の願望実現」「和の引き寄せ」**です。

本当に〝ワクワク〟することがわかり、自動的にそれらが叶います。

あなたの幸せ、喜び、笑顔は、世界をやさしく照らします。

column

短期間に人生が大好転した経営者のケース

ある不動産グループを経営されている大内将暉さん（仮名）は、一年前、私のもとにエネルギーセッションを受けに来られました。

サロンのドアを開けられたとき、スーツ姿で凛々しく立たれている大内さんの姿がありました。

ただ、その瞬間に私が感じたことは、大内さんの〝オーラの小ささ〟でした。

大内さんは当時、専務として勤務されていましたが、数カ月後には不動産グループの社長となることが決まっていました。

セッションのご相談は、実は大内さんにうかがう前から私にはわかっていました

column

が、「社長になる自信が持てない」ということでした。

見るからに実直そうな大内さんは、社長（経営者）になるためのトレーニングや、リーダーとなる方法など、多くのことを学ばれていました。

しかし、それはとても危険な状態なのです。

〝自信が持てない状態〟で「方法」を詰め込むと、心身がパンクしてしまうことがあるからです。

第一章で述べたように、車の運転で言えば、アクセルとブレーキを同時に踏んで走行している状態です。

そのうち車は故障して動けなくなってしまいます。

大内さんには、**「まず〝手放す〟」**ことの大切さを理解していただき、『マインドフルネスタッピング』『エネルギーマイスター』『リミットブレイクマスター』の〝三種の神器〟を受講されたことで、不要な「マイナスの思い込み」を次々と手放していかれました。

その後、「これまでに感じたことのない安心感に包まれた」とおっしゃる大内さん

column

の目は輝き、生気に満ち、オーラもとても大きくなられました。

会社の業績もアップし、何よりも懸念していたスタッフたちからの人望も得られたのです。

今では大内さんが求心力となり、従業員一同が一つになり、業績のみならず社内の人間関係、クライアントとの関係がとてもよい状態になられています。

また、これは大内さんに限らないことですが、幸福な〝副作用〟として、ゴルフやテニスなどのスポーツのスキルが格段と向上されるということがあります。

同時に、もちろん健康状態もアップします。


今では、大内さんはご自身のグループ会社の業績だけではなく、地域や地球への貢献まで考えられており、その志の高さにはいつも感動させられています。

大内さんのケースは、**「まずは〝手放す〟」**ことの大切さを教えてくれている一つの例と言えるでしょう。

第2章

願望実現を加速させる「三種の神器《じんぎ》」

「和の願望実現」「和の引き寄せ」

ちまたには、さまざまな願望実現法や引き寄せ法があふれています。

ただ、その大部分は〝西洋式〟の方法です。

西洋式を否定するつもりはありませんし、私自身、生活に取り入れている西洋由来のものはたくさんあります。

ですが、西洋式の願望実現法となると、私たち日本人には合わないものが多いようです。

西洋を含む大陸の歴史を見ると明らかですが、〝大陸の歴史は戦争の歴史〟とも言えます。地続きになっている大陸の特性上、他国からの侵略が絶えません。残念ながら、それは近代となった今も続いています。

そのためなのか、西洋式の願望実現法には、他人を蹴落としてでも、欲しいものを手に入れるという考えが根底にあるように思います。

かつてアメリカのロサンゼルスで、何度か講演や講座を開かせていただいたことがあります。

その際、私を招待してくださった経営者がいます。

朗らかな人格者であり、見識が高く、とても素晴らしい方です。

あるとき、その方の顔が曇っているので、「何かありましたか?」とお聞きしたところ、社員のひとりが会社に対して高額の訴訟を起こしたとのことでした。

内容を詳しくお聞きすると、〝他愛のないこと〟を逆手にとって訴訟を起こされていることがわかりました。

アメリカではこのような例は少なくありません。むしろ多いでしょう。

最近でも、世界的なハンバーガーチェーンのドライブスルーのコーヒーで、やけどを負った方が訴訟を起こし、結果的に数億円を得ています。

その賠償金の大半は弁護士の収入になるようです。

日本では〝言いがかり〟に近いことが、アメリカでは当たり前に訴訟となり、数億円の賠償金を手に入れて、その大半は弁護士の収益となる。

アメリカでは、「弁護士ビジネスはやめられない」と言われる由縁です。

〝言いがかり〟のようなことで超高額な賠償金を獲得することも、訴訟を起こした方にしてみれば、ある種の西洋式の願望実現法と言えるのかもしれません。

私は、この手の訴訟で数億円を得たというニュースに触れるたびに、違和感を覚えています。

もちろん不利益を被られた方には同情しますが、日本であれば、せいぜい数十万円を得られるかどうかの内容が多いためです。

西洋式の願望実現法は、〝得るためには手段を選ばず〟式のものが多いので、「儲かった！」と大喜びする人がいる反面、大きなダメージを受ける人もいます。

近年、日本でもそうした〝西洋式〟の考えに浸食されている人が増えているように思います。

私の提唱する「和の願望実現」「和の引き寄せ」は、西洋式とは対極にあるものです。

願いや夢、目標が叶ったとき、自分だけではなく、まわりにも笑顔と幸せの輪が広がる願望実現法です。

〝和〟がついているのは、日本人が長年にわたって〝調和〟や〝平和〟を愛する「和の心」を持っているからです。

日本人はこの気持ちやマインドを当たり前のように持っていましたが、第二次世界大戦の敗戦を機に〝意図的〟に骨抜きにされてきました。

本来は、**日本人は他者を温かくいたわることのできる、世界に誇れる民族**です。

自他ともに、笑顔と幸せの輪が広がっていく「和の願望実現」「和の引き寄せ」を意識していただければ幸いです。

そのことは世界平和につながっていきます。

〝本当の自分〟に戻る

「夢や願いを叶える！　欲しいものを得る！　そのために一番必要なものはなんですか？」

そう聞かれたら、ほとんどの人は「お金」と答えるはずです。

かつての私も、そう即答していました。

でも、今は違います。

「あるがままの自分を認め、愛するマインドです」と答えます。

つまり、自分を受け入れる〝**自己受容**〟です。

何かを持っていたり、持っていなかったりする自分、その**ありのままの自分を認めて、受け入れて、信頼する〝気持ち〟**です。そういう〝**心**〟です。

自分を信頼する気持ちが求心力となって、あらゆる夢や願いが叶っていくのです。


近年、日本人の自己受容がとても低くなってきています。

その証拠として、厚生労働省発表の日本人の死因を見ると、十代、二十代、三十代、四十代のトップは自殺です。

さまざまな〝外的要因〟によって、日本人の自己受容を意図的に低くされたことによる悲しい結果です。

自己受容が低い状態では、仮に富や名声を得たとしても、一時的な満足感しか得られず、さらなる欲望の奴隷になったり、他との比較に苛まれたりして、結果的に虚無感に陥ります。

逆に、「どんな状態でも大丈夫!」「なんとかなる!」「これでよいのだ!」という、〝あるがままの自分〟を認め、信頼し、愛することができれば、一気に人生は開けていきます。

「そんなことは、私には無理だ…」

そう思った方でも大丈夫です！

私自身、ずっとそう思っていましたから。それも約半世紀もです。

「自分なんて……」「どうせ無理！」のかたまりだった私ですが、リミットブレイクマスターによって心の奥にある「マイナスの思い込み」を手放していったことで、「できるかも！」「できそう！」「やってみよう！」というふうに変わりました。

実際は、〝変わった〟のではなく〝戻った〟のだと理解しています。


誰もが、本来は無限の可能性のかたまりです。

あなたも同じです。

「マイナスの思い込み」を手放していくことで、〝本当の自分〟に戻っていくことができます。

そして、あなたはダイレクトにワンネス（宇宙の中心、根源）とつながっていることを〝思い出す〟ことができます。

そうなると、あなたは〝無敵〟になります。

それこそが、あなた本来の姿です。

ワンネスから授かった「三種の神器」

ここで、ワンネスから授かった「三種の神器」について簡単に説明させてください。

願望実現を加速させるためには、次の〝三つの要素〟が必要です。

① 自分の「プラスのエネルギー量」を高めること
② 自分の「行きすぎたマイナスの感情」を手放すこと
③ 自分の「マイナスの思い込み」を手放すこと

具体的な方法としては、①は『**エネルギーマイスター**』、②は『**マインドフルネスタッピング**』、③は『**リミットブレイクマスター**』で行ないます。

私は、ワンネスから授かったこれら三つのメソッドを〝三種の神器〟と呼んでいます。

三種の神器のパワーはとても強力です。

足し算ではなく、掛け算として作用するためです。

実際、三種の神器を授かってからは、それまで約半世紀もの間、ずっと叶わなかった私の夢や願いが次々と叶っています。

私だけではなく、それらを手にされた方には、例外なく素晴らしい世界が広がっています。喜びに包まれた至福の世界です。

では、これら三つのメソッド、三種の神器を順番に見ていきましょう。

■ エネルギーマイスター

何かの〝やり方〟を学んで実践する前に、自分自身の**〝あり方〟を整える**ことが先決です。

「自分の車で快適にドライブしたい」（願望実現）という方にとっては、〝あり方〟とは車のボディにあたるでしょう。

車を持っていなかったり、持ってはいてもエンジンが故障していれば、高度なナビゲーションや音響システムなどをそろえても（方法、メソッド）、快適なドライブはできません。

まずは車の性能を高めることが先決です。

その後、優れたナビゲーションや音響システムが役に立つでしょう。

すべてはエネルギーでできています。それは物理学上の絶対法則です。であるなら、人生でもっとも大切なことは、**自分自身の「プラスのエネルギー量」を高める**ことに尽きます。

プラスのエネルギー量が小さくなったり、マイナスのエネルギー量が大きくなれば、やがては心身が病気になります。

エネルギーマイスターは、驚くほど自分自身のプラスのエネルギー量を高めてくれます。車の例で言えば、馬力のある最新型の車に買い替えて、驚くほど快適に、早く目的地に到着するように、願望実現もスピーディーに叶えることができます。

そのため、エネルギーマイスターは、〝次世代のエネルギー使いの超達人〟とも呼ばれています。

■マインドフルネスタッピング

夢や願い、目標を実現したり、引き寄せるためには、**感情をコントロールする**ことがとても大切です。なぜなら、**感情こそが磁力となる**からです。

いくら何かを願っていても、心の中に不安、心配、恐怖、イライラ、怒り、悲しみなどがあると、それらの感情をともなった出来事が限りなく再現されます。

そのような状態では、夢や願いを叶えようとどれだけ努力しても叶うことはありません。

反面、不安、心配、恐怖、イライラ、怒り、悲しみなどの**「行きすぎたマイナスの感情」**を手放し、〝今、ここにある幸せ〟に意識を向けていると、夢や願いが次々と叶うようになっていきます。


それらの「行きすぎたマイナスの感情」を、いとも簡単に手放すことができるのがマインドフルネスタッピングです。

そのため、マインドフルネスタッピングは〝願望実現の加速装置〟とも呼ばれていますが、小学生からご年配の方までどなたでもマスターすることができ、効果は絶大です。

このメソッドはとても奥が深く、〝世界平和の鍵〟と言っても過言ではありません。

■ リミットブレイクマスター

自分では自覚できない意識の領域、潜在意識の中の**「マイナスの思い込み」**を自分自身で次々と外していけるメソッドがリミットブレイクマスターです。

「マイナスの思い込み」は〝心のブレーキ〟とも言えますが、そのブレーキが外れるわけですから、アクションさえ起こせば、そのあとは人生が自動的に大きく好転していきます。

それまで心の奥に潜んでいた「どうせ無理！」が、「〔やってみよう！〕」に変わります。

リミットブレイクマスターは、マインドフルネスタッピングやエネルギーマイスターの応用編ですので、願望実現を〝超加速〟させる〝限界突破の達人〟と呼ばれています。

本書では、その方法を詳しく解説していきます。

三種の神器の実践の順番

「マインドフルネスタッピング」や「引き寄せ」の一連の拙著や、前著『エネルギーマイスターの絶対法則』（ナチュラルスピリット社）を読んでくださった方からは、「〔三種の神器は、何からマスターすればよいのですか？〕」とよくご質問をいただきます。

先ほども述べましたが、本書で解説しているリミットブレイクマスターは、マインドフルネスタッピングやエネルギーマイスターの応用編ですので、よりダイナミックに願望実現を超加速されたい方は、先にマインドフルネスタッピングもしくはエネルギーマイスターのどちらかを習得されることをお勧めします。

どちらも基本部分にあたりますが、どちらを先にマスターされても大丈夫です。「ピン！」と来たほうを選ばれればよいでしょう。

ちなみに、今回のリミットブレイクマスターの書籍もそうですが、マインドフルネスタッピングやエネルギーマイスターの書籍でも、三種の神器それぞれの手法を解説しています。三種の神器は、三つの手法が相互に関連しながら効果を発揮していくので、どうしても同じような手法の解説を繰り返すことになります。

ですが、マインドフルネスタッピングの書籍ならマインドフルネスタッピング、エネルギーマイスターの書籍ならエネルギーマイスターのメソッドを解説することが主眼となりますので、ほかの三種の神器の手法の解説については、あくまでその書籍のメソッドを効果的に会得するためのものとなります。

したがって、まったく同じ解説とはなりませんので、イラストも含めた詳しい解説は、三種の神器のそれぞれの書籍を参照していただければ幸いです。

また、さらにダイナミックな結果を出されたい方は、私たちの講座（一般社団法人『イーモアマインドクリエーション協会』主宰）に参加されて、それぞれのメソッドのインストラクターから直接、指導を受けていただくことも可能であることを付け加えておきます。

「赤ちゃんマインド」を取り戻す

三種の神器をはじめ各メソッドの講座を受講される方には、冒頭でまず「人生の指針」についてご説明しています。

なぜなら、エネルギーのメソッドを学ばれる方自身の〝あり方〟の土台に関わることなので、この部分を省略して〝やり方〟（手法）だけを伝えても、うまくいかない場合があるからです。

大学を受験される学生さんであれば、自分が「なんのために大学に入りたいのか」を理解していなければ、四年間という期間を無為に過ごしてしまうでしょう。

一方、「大学に入って、○○の専門知識を学ぶ」とわかっていれば、その後の人生に大きく役立てることができます。

エネルギーを学ぶことも同様です。

「なんのためにエネルギーのメソッドを学ぶのか」ということです。

極端に言えば、「○○に仕返しをしたいから、呪いをかける方法を知りたい」という方もおられるかもしれません。

だからこそ、各講座の冒頭では「人生の指針」をしっかりと理解していただいています。

「人生の指針」とは、簡単に言えば、先述の**「あるがままの自分を認めて、愛する」**という〝自己受容〟です。

「あるがままの自分」とは、言ってみれば、生まれたての赤ちゃんだったときの純真無垢な状態です。

つまり、誰もがもともと持っていたナチュラルなマインドに戻っていくこと、赤ちゃんが持っていた大きなエネルギーに戻っていくことで、素晴らしい世界が開けていきます。

その心の状態のことを、私は**「赤ちゃんマインド」**と呼んでいます。

人生の日々を笑顔で楽しく、幸せにあふれたものとして謳歌する最大の鍵は、「赤ちゃんマインド」を〝取り戻す〟ことです。

では、願望実現を加速させる〝三つの要素〟とワンネスから授かった〝三種の神器について、「赤ちゃんマインド」を通して見てみましょう。

一 自分の「プラスのエネルギー量」を高めること／エネルギーマイスター

エネルギーは、「オーラ」と言い換えることもできます。

たとえば、大人が何人か集まって話をしているとします。

その際、もっとも存在感のある人（オーラのある人）が、その話の輪の中心となっていることでしょう。

そこに、ちょこんと純真無垢な赤ちゃんが現われたと思ってください。

それまで一番存在感があると思われていた人の何倍も、赤ちゃんの存在感のほうが大きいことに気づかれるはずです。

私はときおり、「エネルギーウオッチング」を行なっています。

そのとき、たとえば電車の中で、なんとなく無機質な波動のエネルギーが漂っていることがあります。

ですが、ベビーカーに乗せられた赤ちゃんが車内に入ってきて、ばぶばぶと何かを話しながら笑っていると、瞬時に無機質なエネルギーの空間が、やさしく温かいエネルギーの空間に変わります。

それまで無表情だった乗客の方が、笑顔になられることも多々あります。

それほどまでに、赤ちゃんの放つ「愛のエネルギー」や「オーラ」は大きいのです。

生まれたての赤ちゃんは、何も知らなくても自然と成長と進化をしていきます。

大人も本来、同様に成長して進化していきます。

人は、〝チャレンジ〟することに大きな喜びを見出すようにできているのです。

赤ちゃんマインドを取り戻し、「マイナスのエネルギー」を手放して、「プラスのエネルギー量」を高めていきましょう。

これは余談ですが、私は『ワンネスマスター』という手法を使って、心の中で赤ちゃんと会話をすることがあります。

すると、それまで無邪気にニコニコ笑っていた赤ちゃんが、私の顔を真顔で見つめて、「お前……わかるのか?」と低い大人の声で、テレパシーで話しかけてきたりします。

私はしばらくの間、その赤ちゃんの〝地球に生まれてきた目的〟などを聞いたりします。

ずっと続けていると〝ヘンな人〟なので(笑)、長い時間ではないですが、会話をやめるとともとの無邪気な赤ちゃんに戻ります。

二 自分の「行きすぎたマイナスの感情」を手放すこと/マインドフルネスタッピング

大人になると、誰もが将来への不安や心配などが出てきます。

未来だけではなく、過去にあったイヤな出来事の記憶による怒りや悲しみなども持っています。

もちろん、私もたくさん持っていました。

未来への不安や心配を持っていると、足がすくんで、〝本当にやりたいこと〟ができなくなってしまいます。

過去の怒りや悲しみに囚われていると、**〝今、ここにある幸せ〟**に気づけず、不幸せな日々の人生となってしまいます。

そして、そうした「行きすぎたマイナスの感情」を持っていると、それらに見合ったネガティブな現象を引き寄せてしまいます。


では、〝師〟である赤ちゃんはどうでしょうか？

赤ちゃんは、「もし明日、パンパースがなかったらどうしよう……」「おっぱいをもらえないかもしれない……」などと未来への心配や不安を持っているでしょうか？

あるいは、「昨日のミルクはぬるすぎた！」「本当はルイ・ヴィトンのおしめが欲しかった」と過去のことを気にしているでしょうか？

そう、赤ちゃんは未来への不安や心配、恐怖はいっさい持っていませんし、過去にあったことへの怒りや悲しみもありません。

赤ちゃんは〝今、この瞬間〟を味わいつくし、生き切っています。

だからこそ、ワクワクの夢や願いを驚くほど短期間に次々と叶えていけるのです。

つまり、かつては誰もが〝引き寄せの超達人〟だったのです。

私たち大人も赤ちゃん同様、不安、心配、恐怖、怒り、悲しみなどの「行きすぎたマイナスの感情」を手放すことがとても大事です。

三 自分の「マイナスの思い込み」を手放すこと／リミットブレイクマスター

赤ちゃんには、「どうせ無理！」「自分なんて……」などの「マイナスの思い込み」はいっさいありません。

だからこそ、ものすごいスピードで成長し、進化を遂げていきます。

しかし、大人になるにつれて外的要因によって意図的に、もしくは無意識に「マイナスの思い込み」をたくさん入れられていきます。

そのほうが都合がよい存在があるためですが、本書を読まれている賢明なあなたならもう大丈夫です。

リミットブレイクマスターのメソッドを使って、「マイナスの思い込み」を手放すことができるからです。

しかも、**誰もが〝地球に生まれて来た魂の目的〟を思い出し、それを楽しみながら実現できるのです。**

以上、「赤ちゃんマインド」を通して、願望実現を加速させる〝三つの要素〟とワンネスから授かった〝三種の神器〟についてご説明しました。

大人の体力、知力、人脈（ネットワーク）などを活かしながら、気持ちや心を「赤ちゃんマインド」に〝戻して〟いくだけで、今まで叶わなかった夢や願い、目標が次々と叶えられるようになり、人生が劇的に好転していきます。

赤ちゃんが持っている純真無垢さ、大きなプラスのエネルギーは素晴らしいですね。

あなたも自分を無理に変えてみたり、やみくもに頑張る必要はありません。

「三種の神器」を使って、かつて赤ちゃんだったときのようにピカピカの状態に〝戻る〟だけで大丈夫です！

レッツ、ばぶ〜！

第3章

リミットブレイクマスターの誕生

二つのブレーキ

心の中にあるブレーキは二つです。

一つは自覚できる領域、顕在意識にある不安、心配、恐怖、イライラ、怒り、悲しみなど、**「行きすぎたマイナスの感情」**です。

新たな夢や願い、目標に対してアクションを起こそうとしても、顕在意識に不安や心配、恐怖などがあれば大きなブレーキとなります。

そのブレーキを持ったままでは、足がすくんでアクションを起こすことができません。

もう一つのブレーキは、無自覚の領域、潜在意識にある「自分なんて……」「どうせ無理！」といった**「マイナスの思い込み」**です。

それは、「自分なんて……」とか「どうせ無理！」などと思っている〝原因〟となった「過去の記憶」が潜在意識の中に入っているということです。

それら二つのブレーキ、つまり、不安・心配・恐怖・怒り・悲しみなどの**「自覚できる心の**

ブレーキ」と、「自分なんて……」「どうせ無理！」といった**「無自覚の心のブレーキ」**を手放すことができたなら、そのあとは圧倒的なスピードで日々の現実が大きく好転していきます。
顕在意識にある「自覚できる心のブレーキ」（行きすぎたマイナスの感情）は『マインドフルネスタッピング』のメソッドで、潜在意識にある「無自覚の心のブレーキ」（マイナスの思い込み）は『リミットブレイクマスター』のメソッドで外していくことができます。

ＤＶ家庭で育った幼少時

私は貧しい家庭に生まれています。しかも、いわゆる〝ＤＶ家庭〟でした。

普段はやさしい父でしたが、一度何かに〝キレる〟と手のつけようがありませんでした。

母が一生懸命に作ってくれた料理をすべてひっくり返し、さらには母に手を上げました。

幼児だった私は泣きながら、母を守ろうとして必死だったことを覚えています。もちろん、父にとっては私は赤子同然でしたから、母を守ることはできませんでした。

そうしたことが繰り返され、私は「自分は無力だ……」「自分なんて……」と自暴自棄になっていったのです。

私が小学生になってからも、その状態は続きました。

何度も、「母と一緒にこの世を去りたい」と思いました。

その後、凄絶な家庭崩壊となっていきました。

私自身もストレスがたまり、高熱を出して寝込んだり、病気になっていきました。

二十代後半には、心臓の重篤な症状により余命宣告も受けています。

奇跡的に一命はとりとめたものの、三十代半ばに阪神大震災で家を失い、二重ローンを組むことになりました。

そこから重度のうつ、パニック発作、深刻な胃の病気、経済的な苦境に陥ることになりました。

私は人生の日々のあまりのつらさに、さまざまなメンタルメソッドを学び、実践してきました。

有名なメンタルメソッドはほぼすべてのセッションを受け、講座を受講しました。

ただ、それらのメソッドに共通していたことは、先述した潜在意識にある「マイナスの思い込み」は外れないということでした。少なくとも、私には効果がありませんでした。

ただ、ペットボトルの水を飲むときのシンプルな順番を考えれば、それらのメソッドが効かなかった理由がわかります。

ペットボトルは、まず最初にフタ（キャップ）を開けて、そして中の水を飲みます。当たり前ですね。

私が学んできたさまざまな手法のほぼすべては、〝フタ〟を外さずに中の飲料を飲もうとしていたのです。

特に私の場合は、顕在意識にある強い恐怖や怒り、悲しみなどの〝フタ〟が閉まっているのに、「これから潜在意識にアプローチしていきます」「はい、これで潜在意識がプラスに書き換えられました」などと誘導されました。

でも、私には潜在意識どころか、顕在意識のマイナスの感情すら外れた感覚がありませんでしたし、その後の人生が好転することもなかったのです。

私は二十年以上の時間と数千万の授業料を費やしてようやく、**潜在意識の中にある「マイナスの思い込み」を手放すには、自覚できる顕在意識のブレーキ、つまり不安、心配、恐怖、イライラ、怒り、悲しみなどの「行きすぎたマイナスの感情」を最初に手放すことが必要**だとわかったのです。

その〝発見〟は目から鱗でした。そのために、これほど膨大な時間とお金を費やしたのかと感動したことを覚えています。

シンプルな〝絶対法則〟はつかめましたが、次にまた〝大きな壁〟が立ちはだかりました。

それは、「行きすぎたマイナスの感情」を〝**瞬時に手放す方法**〟がないということです。

最初に授かった『マインドフルネスタッピング』

私は、国内外のさまざまなメンタルメソッドを学ぶと同時に、心理学や脳科学、物理学、気功、呼吸法、座禅、瞑想法、武道なども取り入れていましたが、そうした中で、東洋の鍼灸《しんきゅう》などをベースにした**「タッピングセラピー」**に行き着きました。

タッピングセラピーはアメリカで開発されたメソッドですが、実際に講座を受講してマスターしてみると素晴らしい効果を感じました。

ただ、方法や手順が複雑なので覚えきれなかったり、効果を感じられない場合もありました。

私は、「誰もが使えるような、もっと簡単で、もっと強力なタッピングの手法はないか？」と、タッピングセラピーの〝改良版〟を探し求めましたが、見つけることはできませんでした。

「やっぱり、ダメか……」

そんな〝絶望の淵〟にあった五十歳を迎える二〇一一年初頭、長年勤めていた会社からリストラ宣告を受けました。

私の命は風前の灯火でした。


そして会社を辞めた直後、三月一一日に東日本大震災が起こったのです。

私は、何かに取り憑かれたかのように救援物資を集めました。

ＳＮＳでも呼びかけ、さまざまな復興支援イベントを立ち上げました。

今、この瞬間にも多くの方が苦しまれている——焦燥感が極まった私は、川べりに車を停めて、天に向かって叫びました。

「神さま！　なぜ、こんなことになったのですか⁉」

「もし、私にできることがあれば教えてください‼」

瞬間、雷に打たれたような感覚がありました。

そして、

「〝希望のメソッド〟を開発し、手渡せ」

「多くの人の心に希望の光を灯せ」

というメッセージを受け取ったのです。

ワンネスからの〝声〟というよりは、脳内にダイレクトに届く〝インスピレーション〟のようなものでした。

自分の〝思考〟ではないことは明らかでした。

私はメソッドを〝探す〟ことをやめました。

「なければ、自分で作ればいい！」

「絶対に完成させてみせる！」

それまでの自分にはないような、強い気持ちがあふれてきました。

そうして、ワンネス（宇宙の中心、根源）からインスピレーションの形で授かったのが、『マインドフルネスタッピング』というメソッドです。

圧倒的な〝効果〟に衝撃！

マインドフルネスタッピングの手法の開発と同時に、奇跡的に、まったく無名だった私に出版社さんからオファーがあったのです。

「被災者たちの希望の光となるような本を出してほしい」とのことでした。

担当者さんとお会いしてお話を聞くと、私は全身の力が抜けていきました。

担当者さんがすでに作成していた企画書の内容が、私がワンネスからイメージで受け取っていたものと寸分たがわず同じだったからです。

今でこそ、それはワンネスから〝同じ情報〟を受け取ったという〝シンクロニシティ〟だったことがわかります。

実際、マインドフルネスタッピングの効果は絶大でした。

それまで私が学んできたどの手法と比べても、圧倒的に強力で、瞬時に「行きすぎたマイナスの感情」を手放せるのです。ほぼ一〇〇％の確率でした。

被災地のボランティア活動の一環として、私は多くの方にセッションをさせていただきました。

セッションをお受けになられた被災者の方々は、みなさん一様に笑顔になられ、中には泣き笑いをされている方もおられました。

「私は、福島原発の半径数十キロ圏内に家があります。もう一生、自宅に戻ることはできません。思い出のつまった家に戻れない悲しみで、震災が起こってから一度も笑ったことがありませんでした。でも、今はこうして笑顔でいられます」

そう話してくださった方は、涙を浮かべて私にお礼を言われました。

私を含め、その場におられた方々全員が温かい涙を浮かべていました。

リストラ直後の私でしたが、ワンネスから授かったマインドフルネスタッピングというメソッドを通して、被災者の方々のお役に立てる喜びで感無量でした。

私はさらに〝効果〟のデータを得ようと、一〇〇〇名の方々にマインドフルネスタッピングのセッションを行なおうと決めました。

それもワンネスからの〝指示〟でした。

当時、私は会社をリストラされた直後ということもあり、知人はほとんどいませんでした。ですが、ワンネスからの「大勢の人のいる場所に出向け」という〝インスピレーション〟に従って、デパートの催事場や大手家電量販店などに赴き、責任者の許可をいただきながら、その場で即興の「マインドフルネスタッピング・セミナー」を行なったのです。

「なんの実演販売だろう…？」

そう思われた方々が、続々と集まってきたことを覚えています。

その方々には、「行きすぎたマイナスの感情」を手放すと、一瞬で体が柔らかくなったり、〝スプーン曲げ〟ができることを体感してもらいました。

何か心配ごとがありそうな方には、マインドフルネスタッピングのメソッドを使って、瞬時に心配ごとを解消しました。

いろいろとメモをとられる方などもおられ、ミニセミナー（？）を終えたときは拍手までいただきました。

そのときのみなさんの温かさには、今でも感謝しかありません。

私はそうやって、一日に最大数十人単位の〝数稽古〟を重ねていったのです。

当初、自身に課した一〇〇〇名へのセッションは、数カ月のうちに果たすことができました。

そうして得た〝データ〟（結果）には、すさまじいものがありました。

ほぼ一〇〇％の方が効果を得られたのです。

決して、誇張ではありません。

たとえば、SNSの「LINE」の仕組みをまったく知らない人であっても、送信ボタンを押せば一〇〇％送信できるのと同じように、マインドフルネスタッピングは誰もが簡単に使えるメソッドだからです。

もちろん、実際にしっかりとした論理も根拠もあるメソッドですし、その〝実証〟のための〝数稽古〟は、今でもひたすら行なっています。

『リミットブレイクマスター』の誕生！

マインドフルネスタッピングのメソッドを授かって一年近く経ったとき、私は〝あること〟に気がつきました。

マインドフルネスタッピングは、無自覚の領域、潜在意識に入っている「マイナスの思い込み」に対しては、効果が弱いところがあるということです。

家の修理でたとえるなら、外壁や室内の修理であれば、リフォーム屋さんに頼めば対応してくれます。

ですが、家の土台である基礎部分の修理となると、リフォーム屋さんでは手に負えません。専門的な知識や技術、重機などを持っている建築会社の力が必要です。

同様に、地面の上に建っている家の部分に相当する、「自覚できるブレーキ」に対しては、マインドフルネスタッピングのメソッドは圧倒的な力を発揮していました。

しかし、家の基礎部分にあたる「無自覚のブレーキ」に対しては、〝新たなメソッド〟の開発が必要だったのです。

加えて、実は私自身、あるときから半年ほどの間、強烈な「マイナスのエネルギー」の影響を受けてしまい、半死半生の思いをしていたことがあります。

そのことの一端は、前著『エネルギーマイスターの絶対法則』で触れていますので、ご参照ください。

私は、またワンネスにお願いをしました。

「誰もが〝マイナスの思い込み〟を簡単に手放せるメソッドを授けてください！」

「私にまだ生きる意味があれば、お願いします!!」

すると、「1」という数字が繰り返し目につくようになりました。

しばらくして、ワンネスにお願いしたときからちょうど〝一週間後〟、誰でも〝限界突破の達人〟となれる『リミットブレイクマスター』が誕生したのです。

数分のセッション後、次々と限界を突破！

ワンネスから授かったその〝手法〟は、あまりにも簡単でした。

初めてリミットブレイクマスターのセッションを自分自身に行なったときのことは、昨日のことのように覚えています。

新大阪駅から徒歩約五分の場所に、普段私が講座やセッションをしている「新大阪サロン」があるのですが、そのすぐ近くの駐車場の中で行ないました。

セルフセッションのテーマは、「ここ一番というときに、緊張して失敗する」ということでした。

幼少期、父のＤＶから母を守ることのできなかった〝負の記憶〟が原因であることは明らかでした。

そのことが〝トラウマ〟となり、普段は他愛のない話をしている同僚であっても、何かを〝発表〟する際には、体が固まって話せなくなるのです。

もともと自然や人が大好きなのに、人前に立つと一言も話せなくなるので、多くのチャンスを逃してきました。

特に、ワンネスから『マインドフルネスタッピング』『エネルギーマイスター』『リミットブレイクマスター』という「三種の神器」を授かった当初、それらかけがえのない〝光の杖〟を大勢の人たちを前に手渡していく必要があった私にとって、それは致命的でした。

そうして、リミットブレイクマスターのセッションをセルフで行なったわけですが（手法は後述します）、それからほんの一、二分後、突然、左目から大粒の涙がポロポロと出て止まらなくなったのです。

悲しいという感覚はまったくなかったので、私は驚きました。

しばらくしてから、「ああ、これは私が小さかったとき、泣きたいけど我慢をしていたときの涙だな」とわかりました。

私は長男だったこともあり、ことあるごとに「男の子は泣いてはいけない」と言われ続けていたため、できるだけ泣くことを我慢していたのです。

やがて涙がおさまり、ゆっくり目を開けると、まわりが一変していました。
何もかもがやさしく、美しい光の色にあふれ、まるで別世界に来たかのようでした。
私は驚くと同時に、心の底から「もう大丈夫」という気持ちに満たされました。
リミットブレイクマスターのセルフセッションはほんの数分でした。

そのときに行なった、たった一回のリミットブレイクマスターのセッション以降、私は大勢の人前で講演をするときや、テレビやラジオの収録であっても、親しい友人とお茶を飲みながら話をしているような感覚になったのです。
その後も、数十年も抱えていた自分の問題に対して、リミットブレイクマスターのセッションを重ねて限界を突破していった結果、それまで叶わなかった夢や願い、目標が次々と叶うようになっていきました。しかも数カ月の間にです。

こうした〝奇跡のような体験〟は、私にだけ起こったことではありません。
同じ体験をされている方は数えきれないほどです。

リミットブレイクマスターの三つの〝ない〟

一 〝つらい修行〟はしない

リミットブレイクマスターに限らず、「三種の神器」すべてについて言えることでもありますが、「つらい修行はしない」ということがあります。

講座では、お寺の住職やキリスト教の宣教師、武術家の方なども受講していただいているのですが、どれだけ修行を重ねても、「マイナスの思い込み」を手放すことは難しいと話されます。

そうした方々ほど、リミットブレイクマスターやエネルギーマイスターなどを使って、誰もが修行なしで驚くような領域に達することに感嘆されます。

特に〝光の道〟を説かれている方は、リミットブレイクマスターの強烈な効果を理解されるようです。

多くの人々が笑顔になったり、幸せになるためにもっとも大切なことは、まず〝自分平和〟

を築くことです。

そのためにも、自身の無自覚の領域、潜在意識にある「マイナスの思い込み」を手放すことが先決なのです。

これから大激動の時代を迎える前に、少しでも早く、リミットブレイクマスターを手渡しできればと思っています。

私たちはある意味、すでにたくさんの修行を行なってきているとも言えるのです。

そのこともあり、リミットブレイクマスターはつらい修行をしないでも、〝手放し〟ができるメソッドとなっています。

私には、ワンネスからの「もう、修行なしで手放しなさい」という温かい声が聞こえてくるようです。

二　〝不幸の犯人捜し〟はしない

リミットブレイクマスターでは、「○○のせいで、こんな目に遭った！」というような○○

を捜して、犯人に仕立てることはしません。

そう思うことで自身のエネルギーが低下し、さらによくない状況となってしまうからです。

歯医者さんにたとえるなら、虫歯になったのはしっかり歯磨きをしなかったあなたのせいだから、その罰を受けなければいけないと言って、〝麻酔なし〟で治療をしたりするでしょうか？

虫歯に限らず、どんな病気でも手術でも、鎮静剤や痛み止め、麻酔など必要最低限のケアをしながら、いつの間にか治療が終わっていたというのが理想ではないでしょうか。


リミットブレイクマスターを行なう場合も、「あのとき、〇〇にひどいことをされたせいだ！」「過去に〇〇ということがあったからだ！」というような、〝不幸の犯人捜し〟をすることはありません。

なぜなら、もし「マイナスの思い込み」の原因が、自分では忘れていたと思っている過去の〝強烈な出来事〟にあった場合、その事件や場面を思い出すことで「フラッシュバック」というとても危険な状態に陥ることがあるからです。

そばに医師などがいなければ、命にかかわることすらあります。

そうした〝不幸の犯人捜し〟をすることなく、自分自身で気楽に、幸せに、「マイナスの思い込み」や「トラウマ」を手放すことができるメソッドが、リミットブレイクマスターです。

三　セッションしても〝疲れない〟

通常、セッションやカウンセリング、ヒーリングを行なうととても疲れます。

他者に〝癒し〟を与えると、自身の〝生体エネルギー〟が消耗するためです。

癒しとはちょっと違いますが、他者の役に立つボランティアも同様です。

私自身、阪神大震災や東日本大震災などのボランティアをしていた時期があるのですが、使った体力以上に心身が消耗していました。

〝命の電話〟のようなボランティアでも、うつになられる方が多いようです。

ボランティアではなく、癒しの仕事をされている方も同様です。

たとえば、相手のつらい状況を〝傾聴〟することに主眼をおくカウンセリングやセラピー、ヒーリング、相談所、もしくは他者の体に直接触れる医療従事者、介護福祉士、エステティシャン、美容師、ボディセラピスト等々です。

そうした方々の多くは相当疲れがたまるようですし、実際にご相談もよく受けます。癒しを提供することで、自身の生体エネルギーも提供しているため、中には若くして大病を患ったり、天に還ることも多いという事実があるので注意が必要です。

リミットブレイクマスターも、「スペシャリスト講座」を受講することで他者にセッションを行なうことができます。

ですが、リミットブレイクマスターのセッションでは、生体エネルギーを使うことはありません。したがって、セッション後に疲れることもありません。

むしろ、クライアントとセラピストの双方が笑顔になり、幸せが広がります。

リミットブレイクマスターの三つの特徴

リミットブレイクマスターの最大の特徴を簡潔にお伝えするなら、**「超簡単・超強力・圧倒的スピード」**です。

一度マスターすれば、身一つで、その場で行なうことができます。何も用意する必要はありません。

また、無自覚の領域、潜在意識にある「マイナスの思い込み」にアプローチするため、セッションを終えた時点で、長年抱えていた「心のブレーキ」が〝根幹〟から外れた感覚があります。

しかもそれは、ほんの数分後ということも珍しくありません。

さらに、リミットブレイクマスターを実践していくことで、自身の心の中に安心感や幸福感が広がっていきますので、自分だけではなく、まわりにいる方々にも笑顔と幸せが伝播していきます。

そして、そのまま幸せに満たされていく豊かな世界、調和と愛の地球へとダイレクトにつながっていきます。

リミットブレイクマスターは、「三種の神器」のほかの二つのメソッドのいずれかの実践を通して習得することで、より深まります。

たとえば、マインドフルネスタッピングのメソッドでも夢や願い、目標などを叶えることができますが、リミットブレイクマスターでは、叶えるスピードをさらに〝超加速〟させることができます。

また、エネルギーマイスターの手法を加えることで「遠隔セッション」もできるようになります。

〝考える〟前に〝実践〟する

リミットブレイクマスターのメソッドは、とにかく〝実践〟しなければ効果は得られません。何ごとにも限らず、当然ですね。

新たなことを学ぶ場合、すべてに共通していることがあります。

「知って、覚えて、動いて（実践して）、**その上で考える」**ということです。

「知覚動考（とも・かく・うご・こう）**」**と言われています。

「〝考える〟ことは最後」ということです。

かつての私は、「考えてから動く」タイプでした。

そのことで約半世紀もの間、ものすごく遠回りをしてきました。

考えて考えて考えて、石橋を叩いて叩いて、そして割ってしまうという典型的なタイプでした。うまくいかなかったのも当然です。

今は、**「動いてから考える」**に変わっています。

リミットブレイクマスターで「マイナスの思い込み」を手放したからです。


夢や願い、目標を叶えるには、「考えてから動く」では遅いのです。

結果を出されている経営者やアスリートの方たちも、まずアクションをとられています。

何か学びたいものがあったら、本などで概要を知り、実践して成果を出している人に直接会いに行く。そして自分の体感や実践を通して、さらに学んでいくということです。

私自身、そのことを意識し、実践してから、人生がダイナミックに変わりました。

まずは、本書でお伝えしているリミットブレイクマスターの手法を実践していただければ幸いです。

あなたの人生は大きく好転していくでしょう。

一つ注意点をあげるとすれば、〝ながらセッション〟です。

テレビやスマホを〝見ながら〟、あるいは他の仕事を〝しながら〟、リミットブレイクマスターは行なわないということです。

何ごとも、意識や行動が分散している〝ながら状態〟では、なかなかよい結果を出すことはできません。

リミットブレイクマスターのセッション自体は、楽しく、軽やかなものですので、セッションの間は、むしろその心地よさに意識を向けていただくことで効果も高まるでしょう。

リミットブレイクマスターセッションの二つの例

■沙織さん（仮名）のケース

私のセッションを初めて受けてくださった沙織さんのケースは、〝不幸の犯人捜し〟をやめてから、その後の人生が大きく好転された例です。

沙織さんのご主人は、五年前に自死されました。

突然の出来事で目の前が真っ暗になり、その後、沙織さんは重度のうつとなりました。

彼女にはふたりのお子さんがおられ、それぞれ中学と高校の受験を控えていました。

沙織さんは心労により五年前から笑うことがなくなり、小学生と中学生のお子さんたちも不登校になっていきます。

沙織さんはさまざまなカウンセリングを受けましたが、変化はありませんでした。

今回、藁をもつかむ気持ちで私にセッションを申し込まれたのです。


セッションの際には、私はご主人の自死のことは知らなかったのですが、リミットブレイクマスターとエネルギーマイスターを組み合わせたエネルギーセッションを行なっていると、すぐそばに男性が立っておられるのが見えました。セッションでは、そうしたことがよくあります。

その男性は、すでに〝魂〟の存在であることはすぐにわかりました。崇高でやさしい光を放たれています。

そのことを沙織さんに伝えながら、エネルギーセッションでそれまでの彼女の〝心の重荷〟

を解放していきました。

セッションを終えると、沙織さんは驚いたように話されました。

「とみ太郎さん、私は何も言わないのに、なぜわかったのですか？　私の主人はたしかに五年前に自死しています。そのことが心の中で、ずっと大きな塊りとなっていたのです。ずっとずっと自分を責めていました。それが……今、セッションが終わって、心の中がとても軽くなっていることがわかります。目の前の自分の部屋も、まるで別の部屋にいるかのように、明るくやさしい光で包まれています……」

沙織さんは、涙を浮かべながらも笑顔で話されていました。


セッション中は、私自身の意識が変わるためか、セッションを終えて目を開けると、セッション中にお伝えしていたことを忘れてしまうことが多々あります。

そういうときは、私自身はただクライアントさんと同じように至福に包まれているのです。


セッションして数日後、沙織さんからメールをいただきました。

ずっと不登校だったお子さんふたりが、セッションをした日の夕食の席で、「明日から学校に行く。お母さんに恩返しをするから、応援して」と宣言してくれたそうです。六年ぶりの幸せな団らんに、家族のみんなで泣き笑いをされたそうです。

そのメールを拝見し、私もまた感無量になりました。

約半世紀もの間、人生の最底辺でなんとか生きていた私が、二〇一一年三月にワンネスから突如、さまざまなインスピレーションを得られたことで、子どものころからの夢、「たくさんの人の笑顔と幸せを増やすお手伝いがしたい」という夢が、日々叶っていることに感謝しかありません。

私自身、思いっきり普通の人ですが、ワンネスから授かった「三種の神器」は、本当にすごいメソッドであると深く実感しています。

その後、沙織さんは、リミットブレイクマスター、エネルギーマイスター、マインドフルネスタッピングの「三種の神器」を習得されて、今では多くの方々の笑顔と幸せのお手伝いをされる「スーパーセラピスト」となられています。

沙織さんもまた、**「人はどんな状況や状態であっても、夢を叶えることができる」**ことを体現されている、素晴らしい〝虹の仲間〟のおひとりです。

■けいこさん（仮名）のケース

最新科学である量子力学では、「多世界解釈（パラレルワールド）」理論が提唱されています。個人の思い、感情、エネルギーに応じて、瞬時に無限の宇宙が創り出されているというのです。

私自身や、ご縁をいただいている〝虹の仲間〟のみなさんの劇的な好転を鑑みるに、その「仮説」は〝事実〟としか思えません。

実際、リミットブレイクマスターを習得された方は、自分の思いや感情、エネルギーを整えるだけで、自身はもとより周囲の〝環境〟も好転していきます。

そういう意味では、無限に「パラレルワールド」を創っていけることになります。

「パラレルワールド」という言葉や概念は知っていても、自分には関係ないし、ＳＦ映画やアニメの世界のことと思われている方は多いはずです。

かくいう私がそうでした。非科学的な絵空事と思っていたのです。

しかし、潜在意識にある「思い込み」が現実化することがパラレルワールド理論ですので、「自分には関係ない非科学的な絵空事」という、私の思い込み通りの世界が広がっていただけのことです。

ところがその後、ワンネスから授かった「三種の神器」のエネルギーマイスターを使って、私自身のプラスのエネルギー量をアップデートし、リミットブレイクマスターで「マイナスの思い込み」を手放したあたりから、強烈に「パラレルワールド」を実感するようになったのです。

リミットブレイクマスターを深く理解し、実践すればするほど、自分の心が幸せになるだけではなく、私を取り巻く環境自体もどんどん変わっていくということです。

リミットブレイクマスターの養成講座を受講された、けいこさんの場合もそうでした。

数年前、「自宅の近くに、隠れ家的なリラクゼーションのサロンはないかなあ」と調べていたら、徒歩数分のところに見つけたので、私はさっそく訪れてみました。

けいこさんはそのサロンで、ボディケア・セラピストとして仕事をされていました。

「ようこそ、お越しくださいました」

そう笑顔で招いてくださるけいこさんのお顔を拝見し、「この方は今、とてもつらい状況だ」と一瞬でわかりました。エネルギー的に〝感じる〟のです。

施術を受けている間、私はけいこさんの状況をうかがいながら、これも何かのご縁と思い、『和の引き寄せ®』の手法をお伝えしました。


その後も何回か通って、けいこさんの人生が好転するお手伝いをしていましたが、結果的にけいこさんは、マインドフルネスタッピング、エネルギーマイスター、リミットブレイクマスターの「三種の神器」を習得されました。


けいこさんと初めて会ってから数カ月後、状況は大きく好転しました。

けいこさんのご家族は、それぞれに長年にわたる深刻な問題がありましたが、けいこさんのプラスのエネルギー量が高まり、「マイナスの思い込み」を手放すごとに、ご家族の状況が驚くように好転していったのです。

家族に対する直接のアプローチは何も行なっていません。

その驚きと喜びを、けいこさんから何度もご報告いただいています。

けいこさんいわく、「バイオレンス渦巻く世界から天国にワープしたみたい」とのことです。

自分自身の感情や思い、エネルギーが変わるだけで、まわりの状況も一変することをけいこさんも体現されています。


けいこさんは現在、笑顔と幸せとワクワクに包まれた日々を送られています。

仕事、お金、人間関係、健康、すべてが大きく好転されました。


〝奇跡が当たり前〟〝リアルパラレルワールドの体現者〟である「虹の仲間」の輪が広がっていることは、本当に至福と感謝しかありません。

この輪が絶えず広がっていくことこそ、世界平和への最短ルートだと確信しています。

第4章

リミットブレイクマスターの実践

「顕在意識のブレーキ」を外す

これから、リミットブレイクマスターのメソッドの具体的な〝やり方〟についてお伝えしていきます。

リミットブレイクマスターは、大きく分けると「二つのステップ」で構成されています。

第一ステップは、顕在意識にある不安、心配、恐怖、怒り、悲しみなど、「行きすぎたマイナスの感情」を手放すことです。

言い換えると、「自覚ある心のブレーキ」「顕在意識のブレーキ」を外すということです。

前章でも触れましたが、ペットボトルの水にたとえるなら、〝フタ（キャップ）〟の部分です。フタが閉まったままでは、中に入っている水を飲むことはできません。まず、フタを外す必要があります。

第二ステップは、無自覚の領域、潜在意識にある「自分なんて……」「どうせ無理！」など

の「マイナスの思い込み」を手放すことです。

つまり、「無自覚のブレーキ」「潜在意識のブレーキ」を外すことです。

通常、「行きすぎたマイナスの感情」は、マインドフルネスタッピングのメソッドを使って手放していきます。

マインドフルネスタッピングとは、簡単に言えば、一番効率のよい方法で**「皮膚を刺激する」**ことです。

具体的には、鍼灸でいう「経絡《けいらく》」上にある「経穴《けいけつ》」（ツボ）を鍼《はり》ではなく、**手や指でトントンとタッピングする**（叩く）ということです。

誰もがすぐできる簡単な方法ですが、効果は絶大です。

タッピングする箇所は、「行きすぎたマイナスの感情」の内容によって違います。

「不安・心配・恐怖」の感情の場合は、両眼の下のやわらかい部分や両鎖骨の下のやわらかい部分などです。

「イライラ・怒り・ストレス」のときは、左手の手のひらの人差し指と中指の股の下の部分、

「悲しみ」は中指と薬指の股の下の部分等々、感情のタイプに応じた箇所があります。

本書では、リミットブレイクマスターのメソッドに焦点をあてておお伝えするために、マインドフルネスタッピングやエネルギーマイスターの基本中の基本の手法を取り入れていきます。

マインドフルネスタッピングの詳細な方法をお知りになりたい方は、前著『エネルギーマイスターの絶対法則』をご参照ください。

それぞれのマイナス感情をピンポイントで軽減したり、プラスのエネルギー量を高める手法を解説しています。

それでは、第一ステップである「顕在意識のブレーキ」を外す方法を見ていきましょう。

第一ステップのワーク①

「リセットタッピング」

❶ 両方の手のひらの側面同士を、リズミカルにトントンと叩き合わせます。

❷ 叩く強さは〝心地よい〟程度、時間は十〜十数秒ほどでかまいません。

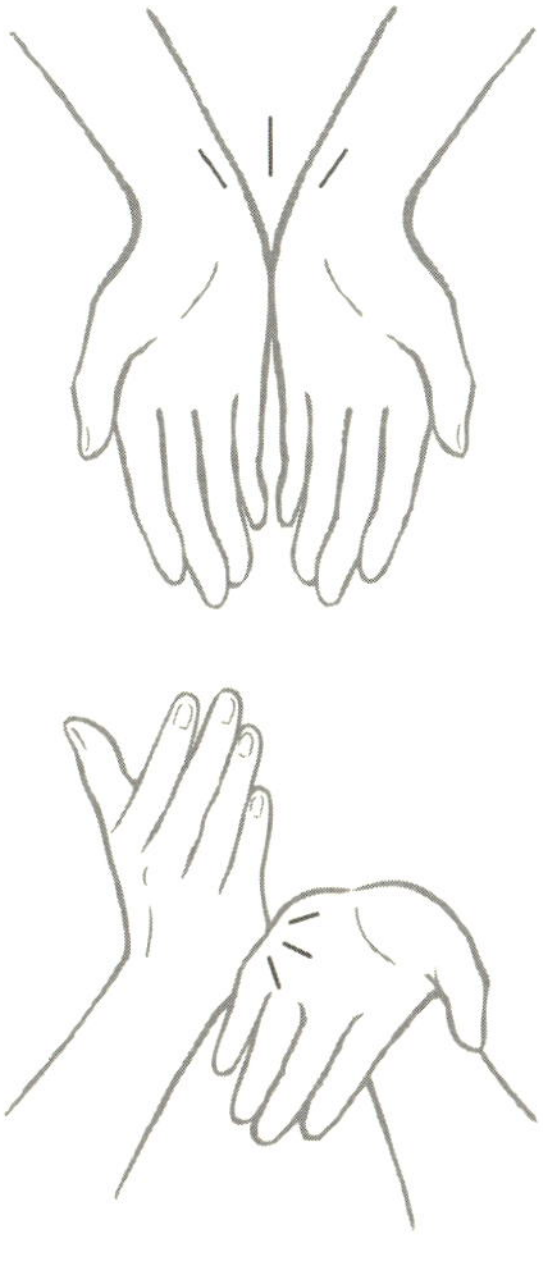

上は、両手の手のひらをそろえてタッピングする例。下は、空手チョップのように手刀で、十字の形でタッピングする例。自分のやりやすい方法で行ないます。

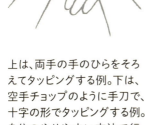

これだけです。

手のひらの側面にある〝後渓《こうけい》〟という経穴（ツボ）を刺激すると、小腸が動くスイッチが入ります。

すると伝達物質が脳に届き、〝幸せホルモン〟と呼ばれているセロトニンやオキシトシンが放出されます。

脳波もリラックス状態を示す、副交感神経優位のミッドアルファ波が出てきます。

この脳波の状態は**〝マインドフルネス状態〟**であり、**〝願望実現脳〟**とも呼ばれています。

瞑想の修行を長く行なっていても、なかなか得られることができない境地です。

マインドフルネス状態に入る難しさ

実際、マインドフルネスタッピングやエネルギーマイスターなどを学んでいただいている方には、瞑想トレーニングの先生やインドのヨガスクールの代表の方など複数おられますが、その方々も「マインドフルネス状態となるのは難しい」と教えてくれます。

瞑想トレーニングの先生自身、瞑想を通してマインドフルネス状態となっている確信（体感）を得ることは、数回に一回あるかどうかとのことです。

師範代クラスでもそうなのですから、一般の方ではなおさらです。

一日に一～三時間のトレーニングが必要で、トレーニングがトータルで二〇〇時間を超えたあたりから、ようやく一〇回に一回あるかどうかの領域となるそうです。

私も十代前半から、ずっと瞑想や呼吸法を行なってきました。あまりにもつらい日々をなんとか持ちこたえたいという一心からでした。

かれこれ半世紀近く瞑想を行なっていることになりますが、私の場合も、瞑想がきちんとできていると自覚できるのは一〇回に一回あるかどうかでした。

瞑想の先生が言われるには、瞑想によってマインドフルネス状態になることが難しい理由は三つあるということです。

一つは、「日々の修行が必要なこと」、もう一つは「手順が複雑であること」、最後は「瞑想状態に入るまでに時間がかかること」です。

修行といっても決して〝荒行〟ではないのですが、瞑想トレーニングを毎日一〜三時間行なう必要があります。

私が習っていた瞑想、ヨガ、気功のいずれの先生からも、一日二、三時間は行なうようにと指導を受けていました。

実際、先生方は多い日では、一日に七〜十数時間行なわれています。

私自身が至らなかったせいですが、深夜に仕事を終えて帰宅してから、二、三時間のトレーニングは相当ハードでした。一時間程度しかできなかった日もありました。

ですが、リセットタッピングでは、ほぼすべての方が十秒から十数秒でマインドフルネス状態を得ることができます。

一瞬にして、リラックスしながら集中できる〝ハイレスポンス状態〟に入るので、心身、頭脳それぞれがクリアになります。

「リセットタッピング」という名称は、「マイナスのエネルギー」を〝リセット〟するので、そう呼んでいます。

「マイナスのエネルギー」は〝邪気〟とも言いますが、〝邪気〟の正体は、不安・心配・恐怖・イライラ・怒り・ストレス・恨み・嫉み・悲しみなどの「行きすぎたマイナスの感情」です。

「マイナスのエネルギー」は誰にでもありますし、もちろん私にもあります。

とは言え、一日、二日と経っても、まだ不安や心配、怒り、悲しみなどが消えない場合は、本格的な〝邪気〟になってしまう可能性があります。

また、人と会って急に疲れてしまったり、何かマイナスの気やエネルギーを受けたように感じたときなどは、リセットタッピングを行なってみてください。マイナスの気やエネルギーを手放すことができるでしょう。

リセットタッピング自体は、一日何回行なってもかまいませんし、副作用もありません。

次に、リセットタッピングの応用編をご紹介します。

リミットブレイクマスターやマインドフルネスタッピングに比べると少し時間がかかりますが、呪いの暗示を解く別の方法もあります。

第一ステップのワーク②

「エネルギーアップタッピング」

❶ 目を閉じてリラックスし、顔を上向きにし、口角を上げます（少しニッコリします）。

❷ 『リセットタッピング』を一分ほど行ないます。

前項のリセットタッピングをちょっと長めに行なうだけですが、「自分自身のプラスのエネルギー量」をより高めることができます。

加えて、目を閉じて口元を少しニッコリさせることで、さらに心身が整っていくことが体感できるでしょう。顔も少し上向きにして行なうと、いっそう効果が高まります。

リミットブレイクマスターの第一ステップでは、リセットタッピングとエネルギーアップタッピングを行なうことで「マイナスのエネルギー」を手放し、「プラスのエネルギー量」を高めることができます。

結果的に「行きすぎたマイナスの感情」を手放し、「顕在意識のブレーキ」を外した状態、つまりペットボトルの〝フタ〟を外したことになります。

最後に、『リセットタッピング』『エネルギーアップタッピング』を試しても、まだ〝不安〟〝心配〟〝恐怖〟などを感じているときは、次の『マインドフルネスタッピング』を行なってみてください。

第一ステップのワーク③

「不安・心配・恐怖を軽減するマインドフルネスタッピング」

❶ そのときの〝不安〟〝心配〟〝恐怖〟の感情の「数値」を書き出します。

＊最大値を10、何も感じないおだやかな状態を0として、0から10で数値化します。

❷ 『リセットタッピング』を五〜十秒ほど行ないます。

❸ 目の下（頬の上部）をタッピングします。

＊両手の人差し指と中指の二本の指の先の腹で、心地よい強さでリズミカルに五〜十秒ほど叩きます。

❹

鎖骨の下をタッピングします。

＊両手の人差し指、中指、薬指、小指の四本の指の先の腹で、鎖骨の下を心地よい強さでリズミカルに五～十秒ほど叩きます。鎖骨の下だけは、少しゆっくりと叩きます。

両目の下のやわらかい部分をタッピングします。薬指を加えて三本の指先で行なうなど、自分のやりやすいように行ないます。

❺ 「数値」がどのくらい下がったかチェックします。

＊場合によっては、①から④を複数回、繰り返します。

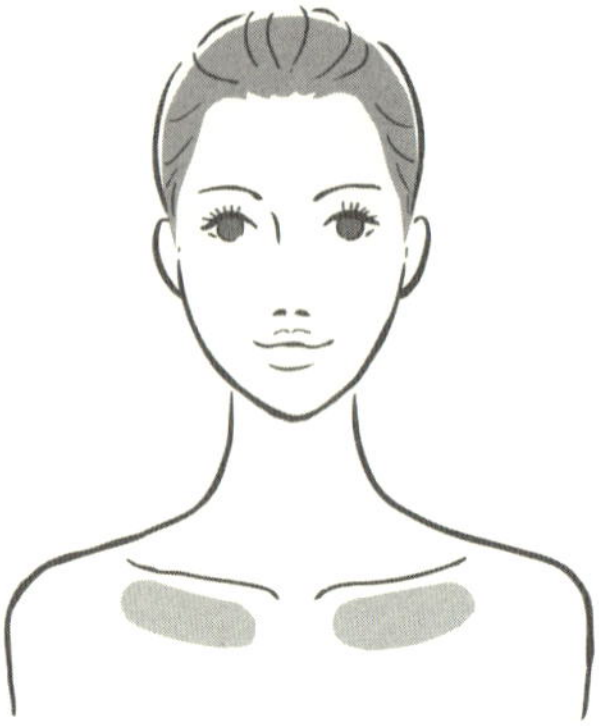

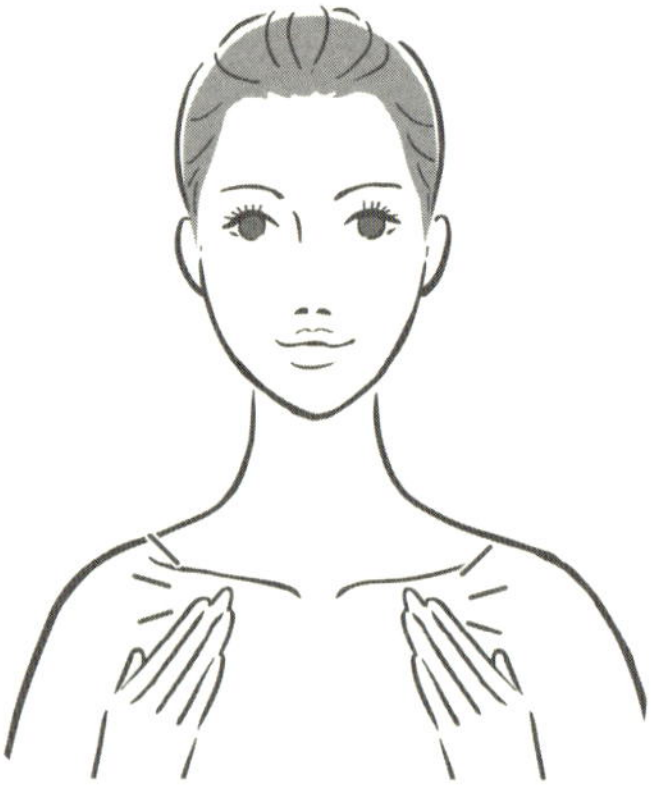

上図の鎖骨の下のやわらかい部分をタッピングします。

以上です。

その場で何度も行なうことで、コツをつかむことができます。

一度、コツをつかんでしまえばどんなときでも使えますので、気軽に試してみてくださいね。

潜在意識の働き

自覚できる「顕在意識のブレーキ」と違って、「マイナスの思い込み」は無自覚の潜在意識にあります。

本人には自覚がなくても、「人間関係を築くことは難しい」「お金を得ることは簡単ではない」「自分は体が弱い」「自分なんて……」「どうせ無理！」といった「マイナスの思い込み」は、潜在意識の中にその思い込みの〃原因〃となる〃過去の記憶〃が入っているということです。

たとえば、〃犬が怖い〃という人がいます。

自分では理由がわかりませんが、どんな小さな犬でも怖いのです。

そういうときは、本人の記憶がない赤ちゃんから幼少期の間に、〝犬にまつわるイヤな出来事〟があった場合がほとんどです。

幼児期に、「近くにいた犬に触っていたら突然、噛まれた」、あるいは、「犬に噛まれてケガをして、泣いている人を見た」などです。

その場面が〝犬にまつわるイヤな記憶（トラウマ）〟として、潜在意識の中に残されます。

〝トラウマ〟とは、個人では対処できない圧倒的な体験によってもたらされる「心の傷」のことを言います。

一般的には大したことはないように見えても、当人の心が激しく動揺していれば、すべて〝トラウマ〟として潜在意識に記録されます。

なぜなら、防衛本能や生存本能として**潜在意識が働く**からです。

夜、眠っている間に心臓が動いて呼吸ができるのも、潜在意識の働きによるものです。

同様に、強烈な〝恐怖〟や〝怒り〟〝悲しみ〟を感じた出来事は、その人の生存を激しく脅かした対象となりますので、潜在意識は命を守るための情報として必ず覚えています。

幼児期に犬に噛まれた経験のある人が、「犬は危険だ」「犬は怖い」と認識するのもそのためです。

ただ、極端に言えば、実は体の小さい幼児期に小犬がじゃれただけだったとすれば、犬に対する〝トラウマ〟は、成人した本人にとっては「マイナスの思い込み」となってしまいます。

ですので、「犬が怖い」に限らず、「人前に出ると緊張する」「ここ一番で力が発揮できない」「異性が苦手」「お金は悪いもの」等々のほとんどは、**本来は〝不要な〟「マイナスの思い込み」**です。

そうした不要な「マイナスの思い込み」を自分自身で手放すことができるのが、リミットブレイクマスターのメソッドです。

もちろん、〝命にかかわる〟ような潜在意識の働きまで外れることはありませんので、どうぞご安心ください。

私はＤＶ家庭で育ったため、幼少期に父から母を守ることのできなかった記憶から、「大人の男性は怖い」「自分は無力だ」「お金を得て自活することは難しい」等々の「マイナスの思い込み」を持っていました。

それらの〝思い〟は、私の場合は自覚があったのですが、どんなメンタルメソッドを学んでも、その道の第一人者のセッションを受けても、外れることはありませんでした。

そんな「マイナスの思い込み」も、リミットブレイクマスターを使って、ようやく手放すことができたのです。

ペットボトルの〝飲み口〟を大きくする

リミットブレイクマスターの第一ステップでは、ペットボトルの〝フタ〟を開けるために、まずは自覚できる「行きすぎたマイナス感情」を手放すことをお伝えしました。

ペットボトルの水（潜在意識）を飲むには、まずは〝フタ〟を空けることが必要ということでした。

もう一つ重要なことは、ペットボトルの**「飲み口は大きいほうがよい」**ということです。

もし、飲み口が針の先くらいしかなかったらどうでしょうか？

一ミリにも満たない飲み口では、ほとんど中の水を飲むことはできません。

同じように、無自覚の領域にある「マイナスの思い込み」を手放すときは、**〝潜在意識〟の口も大きく開いているほうがよい**のです。

しかし、「言うはやすく行なうは難し」です。

いくら思考を重ねても、何かの方法で努力して頑張っても、潜在意識の口は大きく開いてくれません。

潜在意識の口が大きく開いている状態というのは、脳波を見ると一目瞭然です。

脳波は大きく五つに分けることができます。「ガンマ波」「ベータ波」「アルファ波」「シータ波」「デルタ波」の五つです。

通常、私たちが日常生活をしているときは、「ベータ波ときどきガンマ波」となります。

言い換えれば、「ストレスときどき極度のストレス」状態です。天気で言えば、「曇りときどきき雨」です。

ベータ波は毎秒一八～三〇ヘルツ、ガンマ波は三一ヘルツ以上です。ベータ波は軽い緊張状態、ガンマ波は極度の緊張状態を表わしています。

この緊張状態では、〝潜在意識の口〟はがっしりと閉まっているので、潜在意識の中の「マイナスの思い込み」を手放すことはできません。

アルファ波は毎秒八～一三ヘルツ、シータ波は毎秒四～七ヘルツ、デルタ波は毎秒一～三ヘルツです。

「アルファ波ときどきシータ波」であれば、理想の脳波と言えます。

日常生活で言えば、「リラックスときどき瞑想」状態、〝心地よい〟状態ですね。デルタ波は〝熟睡〟状態です。


「アルファ波ときどきシータ波」の状態は、リセットタッピングのワークでも触れましたが、マインドフルネス状態です。

マインド（意識、心）が〝今、ここ〟にフルに満たされていて、**「リラックスしながら集中できている」**という理想の状態です。

〝今、この瞬間〟のみがある世界です。

武道の達人やトップアスリートは、瞬時にマインドフルネスの状態に持っていくことができます。「ゾーン」や「フロー」とも呼ばれる状態です。

究極の「マインドフルネス瞑想法」

ここからは、リミットブレイクマスターの第二ステップに入っていきます。

まず、実際に「潜在意識の口」を大きく開ける方法についてお伝えします。

この手法はマインドフルネスタッピングと同じように、ワンネスから授かった「マインドフルネス瞑想法」となります。

日常的に〝瞑想〟を取り入れられている方はたくさんおられます。特に経営者、各界のリーダー、アーティスト、アスリートなどはそうです。

ここでご紹介する**『瞬間瞑想法』**は、既存の瞑想法とは違って、誰もが**「超簡単・超強力・**

圧倒的スピード」でできるリミットブレイクマスター版「マインドフルネス瞑想法」と言えるでしょう。

実際、マインドフルネス瞑想法を瞑想の先生や、長年、瞑想法を実践されている人にお伝えすると、みなさん一様に驚かれます。

「修行なしで、こんなに深く瞑想状態に入れたのは初めて！」
「誰もが一〇〇％できる瞑想法に初めて出逢えた！」
「これほど簡単で強力な瞑想法があったとは！」

等々のお声をいただいています。

第二ステップのワーク①

「瞬間瞑想法」

❶ 椅子などに腰かけます。
ヨガマットや床の上の場合は、座禅のように足を組みます。

❷『リセットタッピング』を行ないます。

❸ 目を閉じて、口角を上げ（少しニッコリ）、
顔も少し上向きにして、呼吸は楽にします。

❹ 足元に、地球から伝わってくる温かいエネルギーを「ポ～ン」と感じます。

❺ 胸のあたりに、自分自身のエネルギーを「ポ〜ン」と感じます。

❻ 頭上に意識を向けます。頭上には宇宙が広がっていて、その中心に「ぼんやりとした光のかたまり（宇宙の中心）」があることをイメージします。

❼ 「ぼんやりとした光のかたまり（宇宙の中心）」がだんだんと近づいてきて、そのまま光の中に「フワッ」と取り込まれるイメージを持ちます。

❽ 宇宙の中心から伝わってくる温かさ、やさしさ、愛のエネルギーなどを心地よく味わいます（三十秒〜一分程度）。

❾ しばらく心地よさを味わったら、足元と胸のあたりに「ポ〜ン、ポ〜ン」と温かいエネルギーを感じながら、ゆっくりと目を開けます。

いかがでしょうか？

〝心地よさ〟を感じられたら、瞬間瞑想法はできています。

視界が開けていたり、色彩がはっきりしたり、深くリラックスしながら頭が冴えているという不思議な感覚があるかもしれません。

それは最高のマインドフルネス状態です。体になじむまで、何度か行なってみてください。

慣れてくると、**「ポ～ン、ポ～ン、フワッ」**の〝イメージ〟だけで、瞬間瞑想法ができるようになってきます。

最初の「ポ～ン」は足元、次の「ポ～ン」は胸のあたり、最後の「フワッ」は、ワンネスの温かい光に包まれるイメージです。

まさに瞬間瞑想法の体現です。

講座では実践を通してお伝えしますので、これまで一〇〇％の方が〝体感〟を得られています。

もし、何度か試されてみて難しいようであれば、②のリセットタッピングを③とあわせて三十秒から一分ほど行なうだけでも、ほぼ同様の体感が得られます。

どちらでも、自分に〝フィット〟する方法で試してみてください。

瞬間瞑想法は、〝ここ一番〟の前に行なうと最高のレスポンスが得られます。

その他、就寝前に行なっても深く安眠できますので、〝日常使い〟をされてみてください。

瞑想に潜む〝危険な罠〟

瞑想に関して特に危険なケースとしては、一部のカルト宗教施設や、それが母体となっているような瞑想教室や瞑想法です。

残念ながら、そうした〝悪質〟な団体や組織は実際にあり、名を出していないことがほとんどです。

〝親子でできる瞑想教室〟といった名称になっていても、〝バック〟にカルト宗教団体が関係している場合、「マインドコントロール」される可能性があります。

私自身、そのような場面に何度も遭遇しています。

私の場合は、十代前半からさまざまな瞑想法や呼吸法などを学んでいたため、中には〝危ないテクニック〟を意図的に使っているケースがあることを知っていたので、かろうじてマインドコントロールされることはありませんでした。

一度、マインドコントロール（洗脳）されると、抜け出すことはとても困難です。多額のお金が消えていき、それまでの人間関係が壊れることもあります。

方法としては、瞑想や誘導催眠などを使って、対象者をまず〝うとうと〟とさせます。そして、その組織や団体に都合のよいことを低い声で語りかけます。

ほとんどのケースは、最初に〝不安〟や〝恐怖〟をともなう「マイナスの言葉」を与えます。

次に、「私（もしくは特定の組織や団体）の言うことを聞けば助かる」といった内容の言葉を発します。

たとえば、「この世は悪に満ちている」「あなたは過去生で悪行を働いた」「このままでは、あなたとあなたの大切な人に災いがやってくる」「この教義を学べば助かる」「この○○を買えば助かる」というふうに洗脳していきます。

実際には、これほどわかりやすい言葉ではなく、もっと巧妙なレトリックを駆使していきます。

うつらうつらとした状態にあると、その〝声〟の内容がスッと潜在意識にまで入り込んでしまうのです。


私はこれまで、マインドコントロールを受けた人を何人も見てきました。

やっかいなのは、本人はマインドコントロールされている自覚がほとんどないことです。

ただ、本人に自覚はなくても、何かに取り憑かれたようになり、その人の家族やまわりにいる人にも確実にマイナスの影響が出てきます。


瞑想で理不尽なマインドコントロールを受けないためにも、その「防御法」を知っておく必要があります。

防御法と言ってもそれほど難しいものではありません。

自身の**「グラウンディング」**を意識するということです。

グラウンディングとは〝地に足をつける〟ことです。

言い換えるなら、**「主役は自分自身である」**ことを無自覚の領域にしっかりと落とし込むことです。

人は誰でも「恐怖」があると〝動揺〟します。

〝動揺〟すると文字通り心の軸が揺れて、「地に足がついていない状態」となってしまいます。

相手はその〝隙〟にさまざまな概念を入れ込んだり、モノを買うように仕向けたり、マインドコントロールを仕掛けてきます。

逆に言えば、どんな状態であっても**「揺るぎない自分」**を持っていれば、マインドコントロールされることはありません。

「揺るぎない自分」である状態を〝グラウンディング〟ができている状態と言います。

ワンネスから授かった『瞬間瞑想法』においても、グラウンディングは十分に意識されています。

瞬間瞑想法のワークの④と⑤の部分です。

④ 足元に、地球から伝わってくる温かいエネルギーを「ポ〜ン」と感じます。

⑤ 胸のあたりに、自分自身のエネルギーを「ポ〜ン」と感じます。

双方の「ポ〜ン」を意識することで、④では大地（地球）と自分とのグラウンディング、⑤では「主役は自分自身である」ことが、無自覚の領域にエネルギー的に落とし込むことができるようになっています。

瞑想が終わった最後の部分もそうです。

⑨ しばらく心地よさを味わったら、足元と胸のあたりに「ポ〜ン、ポ〜ン」と温かいエネルギーを感じながら、ゆっくりと目を開けます。

⑨もグラウンディングをした状態に戻ってくるためです。

潜在意識の中の二つの〝記憶〟

潜在意識は、感情が大きく動いた出来事は覚えています。

潜在意識の一番大切な働きは、その存在の〝生存〟と〝安全〟です。

ですので、睡眠中など「無自覚」なときでも、呼吸や心臓を動かすことを〝忘れる〟ことはありません。

感情が大きく動くということは、脳で言えば、「偏桃体《へんとうたい》」が大きく刺激されたということです。

偏桃体は、脳の側頭葉の「海馬《かいば》」の下側にある組織です。

１・５センチくらいの大きさで、私たちの感情をコントロールしています。桃の種をつぶしたような形をしているために〝偏桃体〟と名づけられています。

偏桃体によって生み出される感情が大きければ、その先にある海馬に短期記憶として貯蔵されます。「昨日、お昼ごはんに○○を食べた」といった記憶です。

そういう記憶はたいてい数日以内には失われます。

スマホやパソコンにたとえるなら、日々に見聞きしていること、たとえば飲食したものや、通りすがりに見かけた情報を写真や動画で保存していると、あっという間に〝データオーバー〟になってしまうためです。

したがって、海馬に格納された短期記憶はほとんどの場合、そのままデータ消去されます。

ただし、消去されない例外が二つあります。

一つは、**「繰り返される記憶」**です。

何度も反復される記憶は、脳と潜在意識が「生存に関する大切な情報かもしれない」と認識（錯覚）するからです。

たとえば、試験のために何度も問題集を読み書きすることも、そういう脳や潜在意識の働きを考えれば理にかなっています。

ＣＭで商品名を何度も連呼したり、同じ内容を何年も繰り返し流したりすることもそうです。

もう一つは、**「感情が大きく動いた記憶」**です。

たとえば、「命が危険にさらされる目に遭った」「とてつもなく怖い場面を見た」「怒りが頂点に達した」といった記憶は、〝生存にかかわる記憶〟として、短期記憶の貯蔵庫である「海馬」から、長期記憶の貯蔵庫である「全脳」と「潜在意識」の領域に保管されます。

〝恐怖〟や〝怒り〟〝悲しみ〟などの「マイナスの感情」だけではなく、ドーパミンやアドレナリンが放出されるような、「やった！」という〝歓喜〟や〝至福〟の「プラスの感情」の記憶も同様です。

「マイナスの感情」は〝危険〟や〝死〟から身を守るために、「プラスの感情」は体や命が助かった記憶として必要なのです。

それらの感情があるおかげで、先人たちは太古から命をつないでくることができました。

複雑な現代社会に生きる私たちにとって、〝恐怖〟や〝歓喜〟とは、太古のように「そこに行くと野獣に襲われて死んでしまう」とか「あそこに行けばオアシスがあるから水を飲める」というふうに、生死に直結した明確な記憶として保存されることばかりではありません。

それでも強烈な恐怖や怒り、悲しみ、ハイテンションの喜びなどの記憶は、すべて無自覚の領域である潜在意識で覚えていますので、たとえば本人の自覚のない幼少期に「人前でバカにされた」とか「大きな失敗をした」などの体験があると、「人前で緊張する」といった〝マイナスの思い込み〟を持ってしまうことになります。

「つらく、苦しく、悲しい人生」か「豊かで、幸せで、喜びにあふれた人生」かの〝分かれ目〟は、心の中の無自覚の領域である潜在意識の中に、**どれだけ「マイナスの思い込み」と「プラスの思い込み」が入っているかという〝比率〟**です。

「人生の質」は、その〝比率〟通りとなっていきます。

ですが、その科学的根拠がわかってしまえば、これまで夢や願い、目標がなかなか叶わなかった人でも大丈夫です！

潜在意識の中に入っている、もしくは入れられている「マイナスの思い込み」を手放していけば、〝自動的に〟人生は好転していきます。

第二ステップのワーク②

「連想ゲーム」1

ここで、「潜在意識からの情報」をキャッチする方法について、「連想ゲーム」という手法をお伝えしていきましょう。

「連想ゲーム」は通常、二名以上で行ないますが、ひとりでもできます。

まず、最初の人が「バナナ」とか「ペットボトル」など、なんでもよいので思いついた言葉を言います。

次の人は、その言葉を聞いて〝連想したもの〟を言います。

そしてまた次の人は、その人の言葉から〝連想したもの〟を言います。

たとえば、こんな感じです。

Aさん「バナナ！」

Bさん「ケーキ！」

Cさん（もしくはAさん）「紅茶！」

「連想ゲーム」はゲームであっても、〝勝ち負け〟はありません。

ただ〝連想したもの〟（思いついた言葉）を素直に言い合うだけです。

それは「潜在意識からの言葉」と言ってもよいでしょう。

「連想ゲーム」の注意点は、〝思考は使わない〟ということです。

たとえば、「あなたが普段食べているもの！」と言われたら、即座に「カレー！」とか「ごはん！」「お味噌汁！」「サラダ！」などと言えばよいのです。

あくまで**「潜在意識からの声」をキャッチする**ことが目的なので、もちろんひとりで行なってもかまいません。

「バナナ！」「ケーキ！」「紅茶！」「クッキー」など、思い浮かんだ言葉をキャッチしていきます。

第二ステップのワーク③

「連想ゲーム」2

次は、「連想ゲーム1」の〝変則版〟になります。
最初の言葉は次の中から選んでください。

- **バナナの皮を踏んで転んだ！**
- **画びょうを踏んだ！**
- **冷たい氷に抱きついた！**

これらの言葉から連想される言葉は、「痛い！」「冷たい！」「ひゃっ！」などとなるでしょう。

ここに潜在意識からの大切な示唆が含まれています。

潜在意識からの情報は視覚情報だけではないということです。

ヒーラーやセラピストをされていたり、あるいは目指されている方の中には、どれだけ〝見えている〟かで〝序列〟ができてしまうケースがあります。

実際には、〝見える〟からすごいというわけではありませんし、「連想ゲーム2」でもわかるように、潜在意識からの情報は視覚情報だけではなく、聴覚、嗅覚、味覚、体感覚情報などさまざまです。

正解・不正解はありませんし、それぞれが素晴らしいのです。

どのような感覚であっても、潜在意識からの情報を素直にキャッチすることが大切です。

「苦手なこと」の〝原因〟は潜在意識にあり

次の「連想ゲーム３」では、あなたが「苦手」と思っていることの〝原因〟を、潜在意識は覚えていることを実感していただきます。

たとえば、「整理整頓」「後片づけ」「掃除」「洗濯」など、あなたが苦手と思っていることは、〝過去の記憶の投影〟であることがほとんどです。

後片づけが苦手と思われている方は、本人には自覚（記憶）がなくても、幼少期におもちゃなどで遊んでいたときに、母親や身近な人から「もう！　こんなに散らかして！」などと叱られたときの強い悲しみや怒りなどの記憶が〝原因〟です。

幼児ですから、仮に自分ではキレイに片づけたと思っていても、大人から見れば〝とんでもない状態〟であることはよくあります。

そんなときに予期せぬ形で強く叱られると、驚いたり、悲しんだり、恐怖するなど、感情が大きく動きます。感情が大きく動いたことは、潜在意識は必ず記憶します。

次のワークでは、そのことを体感してみましょう。

まず最初に、〝苦手〟なことをいくつか紙に書き出します。

あくまでゲームですので、〝ライト〟（軽め）なことがお勧めです。

前章でもお伝えしましたが、〝ヘビー〟なことは「フラッシュバック（追体験）」が起きて、危険な状態に陥る可能性があるからです。

ですので、たとえば「片づけが苦手」「掃除が苦手」「服をたたむのが面倒」などといった軽いものにしてください。


そして、さらに細分化していきます。

「掃除が苦手」であれば、どの部分の掃除が苦手なのかと細分化し、その中でももっとも規模の小さいものを選びます。

「掃除が苦手」と言っても、〝大掃除〟は誰でもあまりしたくないものです。

その場合、「キッチンの掃除」というように細分化します。

さらに、「キッチンのコンロの掃除が苦手」「キッチンテーブルの掃除が苦手」と細かくしていきます。

第二ステップのワーク④

「連想ゲーム」３

では、ゲームをはじめましょう！

今回はひとりで行なってみてください。

最初に、先に書き出した〝苦手〟な項目から一つ選んで、**「〇〇が苦手！」**と声に出します。

次に、**「その〝思い込み〟ができた原因は、何歳のとき？」**と聞きます。

頭の中に数字が浮かびます。

たとえば〝三歳〟もしくは〝三〟というふうに浮かびますので、その数字を紙に書いておきます。

次に、**「そのとき、まわりに誰がいた？」**と聞きます。

すると、今度は〝母親〟とか〝父親〟〝兄弟〟〝姉妹〟〝祖父母〟〝近所の人〟などが浮かびます。その人物のことも紙に書いておきます。

次に、**「そのとき、どんな気持ちだった?」**と聞きます。

〝悲しかった〟〝怖かった〟などと出てきますので、紙に書きます。

そして、**「そのとき、何をしていた?」**と聞きます。

〝キッチンで、おもちゃで遊んでいた〟などと出てきます。

最後に、**「そのとき、何を言われた?」「どんなことがあった?」**と聞きます。

そうすると、〝叱られた〟〝笑われた〟〝バカにされた〟などと出てきます。

そのようにして、たとえば「三歳のとき、キッチンのおもちゃで遊んでいて、叱られて悲しかった」というふうに、潜在意識の中に格納されている〝記憶〟がわかります。

その記憶が無意識下によみがえるため、「キッチンのコンロの掃除が苦手」なのです。

「マイナスの思い込み」を手放す方法

いよいよ、自分自身では自覚できない領域、潜在意識の中に入っている「マイナスの思い込み」を手放す方法について説明していきます。

その方法とは、第一ステップの『**リセットタッピング**』と第二ステップの『**瞬間瞑想法**』『**連想ゲーム**』**の合体**です。

『瞬間瞑想法』もしくは『リセットタッピング』を含む『マインドフルネスタッピング』の行き着くところは、**「ワンネス」**（宇宙の中心、根源）です。

ワンネスとつながると、深いリラックス感と同時に、安心感、幸せ、無償の愛に包まれていることがわかります。

何かを得ようとしなくても、「豊かさ」「幸せ」「感謝」「和の心」にあふれてきます。

その「プラスのエネルギー」「プラスの思い込み」「プラスの感情」が求心力となり、さらなる幸せな出来事を引き寄せてくれます。

リミットブレイクマスターを日々の習慣としていくことで、〝自他〟の区別がなくなり、「他者でさえ自分の一部」「誰もがワンネスの一部」「人、モノ、自然、すべてはつながっている」**「すべては一つ」**ということが、**〝体感覚〟**でわかってきます。

その領域がわかると、宗教や肌の色、見た目の違いなどによる争い、犯罪、テロ、戦争などの無意味さが心の奥からわかります。

すると、**自分は宇宙の一部**であり、**宇宙は自分自身の心の投影**であることもわかります。

そもそも、**あなたの本質は〝ワンネスそのもの〟**です。

たとえば、〝体感覚〟を通して自転車に乗ることができた人は、次からは自然に乗れるようになります。

スポーツで言えば、水泳、スキー、スノボー、ゴルフ等々も同様です。

瞬間瞑想法もとても簡単です。

一度マスターすると誰もが素晴らしい境地、**「ワンネス体感」**を得ることができます。

その状態は**「愛と光そのもの」**です。

心の奥から温かくなり、感謝にあふれてきます。

私自身、瞬間瞑想法を毎日行なっていますが、感謝と感動で涙があふれてくることさえあります。

それほど、ワンネスからの**〝無償の愛〟**は深いです。

無償の愛ですから、もちろん見返りはいっさい求められることはありません。

ちなみに、「愛」と言っても〝危険な愛〟もあります。

たとえば、〝執着を持った愛〟です。〝見返りを求める愛〟と言ってもよいかもしれません。

ストーカー行為などの犯罪も、最初は純粋に相手のことが〝好き〟だったり、〝愛している〟わけですが、時が経つにしたがって、「なぜ、振り向いてくれないのか」といった身勝手な〝憎しみ〟を持つことがあります。

無償の愛は、太陽の光のように与えるだけです。

赤ちゃんの笑顔もそうですね。赤ちゃんを見守る母親も、無償の愛で赤ちゃんを包んでくれます。

瞬間瞑想法のメソッドを使って、そのような〝究極のマインドフルネス状態〟とも言える〝至福の状態〟になり、そして連想ゲームを行ないます。

すると、ワンネスの光によって、「マイナスの思い込み」は瞬時に消えていきます。

ワンネスの光の中では、「マイナスの思い込み」（闇、影）**はあまりにも無力だからです。**

たとえば、〝○○が苦手〟という「マイナスの思い込み」がある場合、瞬間瞑想法を通して至福の状態になっているときに、ワンネスに向って心の中で**「〝根っこ〟はなんですか？」**とたずねます。

〝根っこ〟というのは、先述の連想ゲームの〝原因〟のことです。

連想ゲームでは、感情が大きく動いたことは、潜在意識はすべて覚えていることを体感してもらうために、あえて〝原因〟を聞いてもらいました。

実際にリミットブレイクマスターのセッションを行なう場合は、前章でもお伝えしたように「不幸の犯人捜し」は不要です。

「不幸の犯人」とは〝原因〟のことですので、ときとしてつらく、厳しく、危険でもある原因を、わざわざ追体験する必要はありません。

そのため、リミットブレイクマスターのセッションでは、〝原因〟ではなく「根っこ」というソフトな表現を使っています。

ワンネスは〝すべて〟を知っていますから、くれぐれも「原因」ではなく「根っこ」をお使いください。

そうして、ワンネスに向かって「根っこはなんですか？」と聞くと、〝根っこらしきもの〟が現われてきます。

具体的には「根っこ」というよりも、**〝ぼんやりとした影のようなもの〟**です。

ワンネスの無償の愛によって、本人がダメージを受けないように〝オブラート〟に包まれるからです。

根っこである〝ぼんやりとした影のようなもの〟は、ワンネスの愛と光の中ではあまりにも無力なので、現われたと同時にシュ～っと消えていき、光に帰っていきます。

そして、また穏やかで心地よい状態に包まれたら、それがワンネスからの「よかったですね。もう大丈夫。終わりましたよ」という〝サイン〟です。

そのサインを感じたら、しばらくワンネスに抱かれている心地よさに身を委ねながら、ゆっくりと目を開けます。

これで、「マイナスの思い込み」の手放しは完了です。

その手順をまとめてみましょう。

「マイナスの思い込み」を手放すワーク

「リミットブレイクマスター」

❶ 手放したい「マイナスの思い込み」を一つに絞ります。

- 手放したい「マイナスの思い込み」を書き出して、最大値を10、何も感じないおだやかな状態を０として、それぞれ数値化します。
- 慣れるまでは、数値が５以下のものから行なってください。
- 数値が６以上のものは、『不安・怒り・恐怖を軽減するマインドフルネスタッピング』を先に行なうと、より効果が高まります。

❷ 『瞬間瞑想法』の準備をします。

- 椅子などに腰かけます。

ヨガマットや床の上の場合は、座禅のように足を組みます。

●『リセットタッピング』を十秒ほど行ないます。
●目を閉じて、口角を上げて、少しニッコリします。
●顔を少し上向きにします。
●両手の手のひらを上向きにして、太腿の上におきます。

❸ **『瞬間瞑想法』を行ないます。**（121〜122ページの瞬間瞑想法の④〜⑧）
*慣れてくると、「ポ〜ン、ポ〜ン、フワッ」のイメージだけでできるようになります。
*行ないにくい場合は、『リセットタッピング』で代用します。
（その場合、瞑想状態である間は、ずっとリセットタッピングを行ないます）

❹ **「ワンネス」を意識して、「根っこはなんですか？」と心の中でたずねます。**
●すぐに「根っこ」らしき「ぼんやりとした影のようなもの」が現われますが、ワンネスの光に包まれて、シュ〜っと消えていきます。

- 消えていく姿を、ただ俯瞰して眺めます。
- 通常、数秒から数十秒で消えていきます。
（「根っこ」の内容によって多少の時間差があります）
- 「根っこ」（影）が消え、元のワンネスの状態（⑧の温かさ、やさしさ、愛のエネルギーに包まれている状態）になれば、手放し完了のサインです。
- そのまま、しばらく心地よさを味わいます。

❺ ゆっくりと目を開けます。（122ページの瞬間瞑想法の⑨）

- 足元と胸のあたりに「ポ～ン、ポ～ン」と温かいエネルギーを感じながら、〝グラウンディング〟（126ページ参照）を意識して、ゆっくりと目を開けます。
- まわりが明るく、鮮明に感じられるかもしれません。
- 最初の数値が、どのくらい下がったかチエックします。

リミットブレイクマスターセッションの注意点

さて、試してみて、いかがでしたでしょうか？

「心が軽くなった！」という方、おめでとうございます！

「なんだか、よくわからなかった」という方、大丈夫です！

リミットブレイクマスターのセッションは、先にも触れましたが、今まで自転車に乗ったことがない人が、初めて自転車に乗ることと同じです。

何度か練習していくうちに、自然とできるようになっていきます。

自転車の乗り方の「解説書」を読んだだけで、すぐに自転車に乗れる人は少ないでしょう。

車であればなおさらです。

車の運転であれば、教本で〝概要〟を理解し、「教習所」で運転を習います。

そうして〝体感〟を通しながら、自然に運転できるようになります。

リミットブレイクマスターのメソッドも同じです。

本書では、実際の講座と同じ内容を初公開しています。ですが、〝体感〟を通したマンツーマンの個別レクチャーではないため、誰もが簡単に理解できて、すぐに実践できるように書かせていただいています。

自転車に乗ることと同じように、ちょっとした〝コツ〟さえつかめば、だんだんと確実にできるようになっていきますので、安心してくださいね。


ただ、注意点としては、いきなり「〝ヘビー〟な思い込み」に取り組むことは避けて、**最初は「〝ライト〟**（軽め）**なもの」から行なう**ようにしてください。

初めてマラソンにチャレンジする人が、全力で四十キロ以上走ろうとすると危険です。水泳やスポーツジムでも同じですが、まずは負荷の軽いものから行なっていくことが大切です。

〝夢の種〟を埋め込もう！

さあ、「マイナスの思い込み」を手放したら、今度は〝心の空きスペース〟に**「夢の種」**（プ

ラスの思い込み）を埋め込んでいきましょう。

それは、ベストタイミングで〝芽吹いて〟いきます。

方法はとても簡単です。

リミットブレイクマスターで「マイナスの思い込み」を手放したあと、その至福の状態で、**「よりよい地球となるために、自分が人生でしてみたいこと」に思いを馳せる**だけです。


「こんな自分が、よりよい地球のために役立つなんて……」

もし、そういう「マイナスの思い込み」が首をもたげたら、再度、リミットブレイクマスターで手放しましょう。

そうしてリラックス状態に戻ったら、あらためて「ほんとうにやりたいこと」に思いを馳せます。


「地球のために、まずは自分自身が笑顔になって、幸せになる」

「笑顔の輪を広げていくために、スーパーセラピストになる」

「自分も他人も喜び、幸せになるようなモノやサービスを手渡していく」

どんなことでもかまいません。

〝ワクワクの夢〟をリラックスしながら心地よく味わうことで、自然に潜在意識の中に「プラスの思い込み」（夢の種）として入っていきます。

そうなると、ワンネスからベストタイミングでさまざまなチャンスがやってきます。

あとは、そのチャンスをもとにアクションを起こすだけで、最短で夢が叶っていきます。

リミットブレイクマスターの発展形

現代においては、「マイナスの思い込み」に囚われている方は、ほぼ全員と言ってもよいのではないでしょうか。

なぜなら、「マイナスの思い込み」を短時間に手放すメソッドが皆無に等しいからです。

リミットブレイクマスターは、過去約半世紀にわたって、さまざまなメンタルメソッドの手法から学び、体系立てられてきた最新の方法です。

西洋医学、東洋医学、心理学、脳科学、物理学、気功、呼吸法、座禅、瞑想法、武道等々の第一人者の方々から、多くのサポートをいただいています。

最終的には、〝ワンネス〟からのサポートもいただきました。

完成して十数年間、数万人もの方々が体感されていますが、いずれの方々の人生も大きく好転され、どんな方にでも〝再現性〟があることがわかっています。

そんな奇跡のような技法ですが、さらにその〝発展形〟とでも言うべき効果にも触れておきましょう。


私、もしくはリミットブレイクマスターを習熟しているインストラクターから直接習得することで、ほかの人へのセッションもできるようになります。

初めて他者へのセッションをする方でも、確実に〝再現性〟が得られるように組み立ててあります。

講座に参加されると、〝スーパーセラピスト〟〝スーパーヒーラー〟〝幸せの魔法使い〟等々、唯一無二の存在として、多くの方々の笑顔や幸せのお手伝いができます。

その後は、クライアント様たちからの喜びの声、感謝のご報告を至福の中で受け取ることが、毎朝の日課となるでしょう。

もちろん、本書を読まれている方は、**まずはご自身から行なう**ようにしてください。〝自己流〟や〝我流〟のセッションを他者に行なうことは、危険がともないます。

本書でリミットブレイクマスターを習得されて、さらにほかの方にもセッションを行なわれたい方は、講座を通して確実に習得されることをお勧めします。

また、「三種の神器」の一つ『エネルギーマイスター』を加えることで、**〝遠隔セッション〟や〝遠隔ヒーリング〟**ができるようになります。

お互いがその場にいなくても、スマホ、携帯、ライン、ＺＯＯＭなどでリモートセッションができます。

実は、あらかじめ時間さえ決めておけば、それらのデバイスさえも不要です。

「遠隔リミットブレイクマスターセッション」を習得すると、一般の方のみならず、経営者や各界のリーダーのような方々に対しても行なうことができます。

あなたは「遠隔コンサルタント」としても、活躍の場を広げていかれることができるでしょう。

column

心理学博士によるリミットブレイクマスターの評価

日々、年齢や職種などの異なったさまざまな方々が、私のエネルギーセッションや講座を受けてくださいます。

西城聡美博士（仮名）もそのおひとりです。

西城さんは、アメリカで二つの心理学の博士号を取得されています。

その目的は、母親との不仲でした。幼少期から母親と〝そり〟が合わず、暴言を吐かれることも多々あったそうです。

そのことで、西城さんは心に深い傷を負われたと同時に、母親のほうも〝子離れ〟ができていなかったそうです。

column

大人になってからも、母親との関係に改善の兆しはありませんでした。年を重ねたぶん、より暴言も激しくなったようです。

絶望の淵に立たされた西城さんは、大きな決断をします。「アメリカで心理学を学び直そう！」という決意です。

心理学は、アメリカが世界の最先端と言われています。

西城さんは、アメリカでももっとも権威のある大学に留学されました。期間は四年、費用は四〇〇〇万円を超えたそうです。

無事、博士号を取得され、帰国して母親との再会を果たします。

四年間かけて修得した心理学の手法を使って、母親と向き合うことになりました。

その結果――以前よりも、悪い状況になっていったのです……。

その後も、「四年も私をひとりきりにして！　この親不孝が！」などと、罵声を浴びせられたそうです。

西城博士いわく、「アメリカの最先端の心理学の手法をもってしても、母親には太刀打ちできないことがよくわかった」とのことです。

そんな中、西城博士は私のもとを訪ねてくださいました。

私のエネルギーセッションやエネルギーコンサルを受けてくださっている大学教授の仲間から、私のことを聞かれたそうです。

私は、西城さんからそれまでの経緯を簡単にうかがったうえで、すぐにリミットブレイクマスターセッションを行ないました。

セッションが終わった瞬間、西城さんのお顔がパッと明るくなられました。

リミットブレイクマスターによって、西城さんの心の奥底にあるトラウマが外れたためです。

西城さんは心理学博士だけあって、リミットブレイクマスターの威力をすぐに実感されました。

その後、ご自身でも『マインドフルネスタッピング』『リミットブレイクマスター』『エネルギーマイスター』と習得されていかれました。

いずれのメソッドも、エビデンス（根拠）とロジック（論理）がしっかりしていることも、よかったそうです。

column

リミットブレイクマスター養成講座を受けられたあと、西城さんは言われました。

「このメソッドはほんとうにすごいですね！　これまで学んできた最新の心理学の手法とは、比べものにならないくらいパワフルです。しかもシンプル！」

そして、続けて私に質問されました。

「リミットブレイクマスターセッションを母に行なうと、母の性格もよくなるでしょうか？」

私は即答しました。

「お母様には、セッションをされる必要はありません」

驚かれる西城博士に、私はさらにお伝えしました。

「セッションをされるべきは、西城さんご自身です。ご自身に対して、リミットブレイクマスターセッションを通して癒しを行なうことで、〝自動的〟にお母様ともよい関係となっていかれるはずです」

「一回数分程度のリミットブレイクマスターを、一日数回ずつ行なってみてください。きっとうれしい〝変化〟があるはずですよ」

次に西城さんが来られたとき、

「その後、お母様はいかがですか？」

とお聞きしました。

西城博士は目を輝かせて言われました。

「リミットブレイクマスター養成講座を受けた当日、帰宅すると母の状態が変わっていたんです！　今まで見たこともないようなニコニコした笑顔で、『お帰り』と言ってくれました。そんなやさしい態度は初めてだったので、私はその場で泣き崩れてしまいました……」

私もそれを聞いた瞬間、うれしさで涙があふれそうになりました。

感動の中で、「やりましたね。よかったですね」と声をかけるのが精一杯でした。

こうしたことは珍しいことではありません。むしろ**「よくあること」**です。

自分自身の「マイナスの思い込み」を手放すことで、プラスの世界が瞬時に広がっていくためです。

心の中にある〝母親は苦手〟〝母は怖い〟という「マイナスの思い込み」を手放して、笑顔の母親がイメージできれば、〝その通り〟のやさしい笑顔の母親に変わるのです。

column

それは、最先端の科学である量子力学の論理でも提唱されています。

西城さんのケースのような母親との関係に限らず、社員のことで懸念されている経営者、不登校の子どもを心配されている親御さん、パートナーや職場の仲間等々、相手のこういう部分が〝変わってほしい〟と思われているすべての方々に、共通して起こり得ることなのです。

いずれも相手の対象者ではなく、**「自分自身にリミットブレイクマスターセッションを行なっていく」**ことで、相手が〝自然〟と、まるで人が変わったかのようになることがほとんどです。

リミットブレイクマスターやエネルギーマイスターを通して、自分自身の〝思い〟や〝感情〟や〝エネルギー〟が変わることで、それに見合った世界が創られるためです。

その後も西城さんとお母様との関係は、それまでの数十年が幻だったかのように、おだやかで幸せな日々が続いています。

先日は、「家族旅行に行きました！」とご報告してくださいました。

column

「まさか、このような〝奇跡〟が自分に起こるとは夢のようです……」

満面の笑顔でそう話してくださいました。

あなたも同じです。

次に「奇跡が日常」となるのは、あなたです!

第5章

「ワンネス」からのメッセージ

自分の「天命」を知る方法

私にとって、「マイナスの思い込み」に支配されていた時代は〝絶望の半世紀〟でした。

そして、「自分自身のプラスのエネルギー量」を高めるメソッドを授かってからは、まるで天国か楽園で過ごしているかのような十数年間を送らせていただいています。

毎日がワクワク、喜び、幸せにあふれています。

もちろん、仕事（志事）も手を抜くことなく、楽しんでいます。

集ってくださる方々が笑顔で願望実現をされ、引き寄せを加速させていくという「天職」を得ています。

ワンネス（宇宙の中心、根源）から授かった〝使命〟で生かせていただいていると思っています。

実際、「自分の〝使命〟や〝天職〟を見つけたい」というご相談を受けることがよくあります。

そういうときは、私なりの方法をお伝えしています。

それは、**「自分がやりたいこと」を見つける前に、「自分がやりたくないこと」を見つける**ということです。

なぜなら、「自分がやりたいこと」だけをしていると、やはり〝思わぬ落とし穴〟に落ちたり、〝足をすくわれる〟ことがあるからです。

たとえば、自分がやりたいことが、「お金をたくさん稼ぐこと」だとします。

すると当然、お金をたくさん稼げる仕事をするはずです。

でも、そのお金が、お客さんが必要としていないモノを売って得たお金だったとしたらどうでしょう?

最初はよくても、お金の流れはやがてストップします。

不要なものを買わされてしまったお客さん方の〝思い〟、「あの人（会社）から買わないほうがよかった」という〝思い〟が、いろいろな形で広がっていくからです。

もし最初から、「お客さんを騙してでもお金を稼ぎたい」と思っていたとすれば、そのような〝思い〟自体が最後は返ってきて、自分が自分自身に騙されることになります。

だからこそ、最初に「自分がやりたくないこと」を見つけておくのです。

〝お金〟に関して言えば、「人を騙してまで、お金を稼ぎたくない」「うしろめたい気持ちになるような仕事はしたくない」というふうに書き出していきます。

素直な気持ちで考えれば、お金については、誰もが「やりたくないこと」は共通しているはずです。

誰もが〝ワンネス〟の一部だからです。

お金であれば、たくさんの人に喜ばれる仕事（志事）をすることによって、「宇宙銀行」を通して〝幸せなお金〟を得ることができます。

お金に限らず、まず「自分がやりたくないこと」を見つけることは、自身の「使命」や「天職」を知ることにつながります。

「使命」や「天職」のことをまとめて〝天命〟とすると、天命を見つけるもう一つの方法は、やはり**「行きすぎたマイナスの感情」**や**「マイナスの思い込み」**を手放すことに尽きます。

これまで本書でずっと見てきたように、それらは「心のブレーキ」となり、ワンネスとのつながりを弱めるからです。

天命は、ワンネスから教えてもらうしかありません。

ですので、本書でお伝えしているワンネスから授かった「三種の神器」のメソッドをたんたんと行なっていれば、自然に天命を、つまり**「地球に生まれてきた魂の目的」を〝思い出す〟**ことができるのです。

この時代は、誰もが地球を選んで生まれてきた〝目的〟を持っています。

ですが、それは生まれた瞬間に〝忘れて〟います。

もし覚えていれば、〝結末を知っている推理ドラマ〟を延々と見せられるような、退屈な日々となってしまうからです。

その意味では、「マイナスの思い込み」を持ったままでいると、その〝目的〟を永遠に〝思い出せない〟ことになってしまいます。

仮に見つかるとしても、私のように半世紀もかかってしまうかもしれません。

本書をご覧いただいているみなさんは、『リミットブレイクマスター』や『リセットタッピング』を使って、日々〝手放し〟を行なうことで、やがては「地球に生まれて来た魂の目的」を知ることになるでしょう。

それは、ワンネス（宇宙の中心、根源）からのメッセージです。

そのメッセージを受け取ってワクワクしたなら、すぐにアクションを起こしましょう！

宇宙の意志に沿った「天命」とともに、誰もが笑顔と幸せの輪が広がっていく〝楽園〟に移行していくことができます。

「やり方」より「あり方」に意識を向ける

第一章で「三種の神器」についてご説明したときも触れましたが、夢や願い、目標を実現する、引き寄せるためにもっとも大切なものは三つです。

自分自身の**「思い（込み）」**と**「感情」**と**「エネルギー」**です。

〝何を行なっているか〟というアクションの内容よりも、そのアクションを行なっているときの〝感情〟と〝エネルギーの状態〟のほうがはるかに重要です。

私はその科学的事実を知らず、数十年も遠回りしてきました。

夢や願いを叶えるための**「やり方」**（方法）ばかりを求めていたのです。

今では、「やり方」より**「あり方」**のほうが大切であることを知っています。

「あり方」とは、自分自身の「思い（込み）」と「感情」と「エネルギーの状態」のことです。

「あり方」が整ってから、「やり方」（方法）に入っていきます。

車にたとえるなら、「あり方」は車の〝車内環境〟や〝車の機能・性能〟にあたります。

まず、車自体（エンジン＝思い、車内環境＝感情、燃料＝エネルギー）を整えたうえでブレーキ（マイナスの思い込み）を解除し、さまざまな便利なツール（カーナビゲーション、車内の音響システムなど＝方法）を利用して。目的地まで効率よくスムーズに、しかも気分よく運転することができます。


ちなみに私の場合、「やり方」などの方法論は、今では『ワンネスマスター®』というメソッドを使ってワンネスから直接得ています。

この手法を授かるまでは、人生の分岐点などの大きな事柄に関しては、国内外の「パワースポット」に出かけて瞑想し、そこでインスピレーションを受けて、いろいろと対処の仕方を得ていました。

今はどこにいても、ワンネスから瞬時に〝答え〟が得られるので、方法論などについて自分の〝頭〟で考えることはありません。

それまでの私は、行動に移す前にとことん考え抜くというタイプでした。

何かわからないことがあったときは、自分の記憶やメモだけを頼りにして、必死に〝考える〟ことに没頭していたのです。

今から思えば、非常に効率が悪いことをしていました。

今は、〝インターネット〟で検索すれば、自分が知らないことでも瞬時に見つけることができます。

「マイナスの思い込み」を手放し、〝ワンネスとつながる生き方〟をするということは、常に「宇宙インターネット」（ゼロポイントフィールド）とつながって、「宇宙クラウド」（アカシックレコード）から必要な情報をダウンロードできるということです。

そうして〝最短・最速〟で幸せな未来を得ることができるのです。

「私には、ワンネスとつながっているという実感がない」

そう思われている方も大丈夫です！

実際には、すべての人がワンネスとつながっています。

「マイナスの思い込み」を入れられているので、つながりにくくなっているだけです。

本書でご紹介している『リミットブレイクマスター』のメソッドを使えば、「マイナスの思い込み」はだんだんと外れていきます。

結果的にワンネスとの〝**宇宙回路**〟も、もと通りに使えるようになっていきます。

〝大ピンチ〟は〝大チャンス〟への招待状

〝大ピンチ〟のときは、ネガティブな方向ばかりを考えてしまいがちです。

でも、大ピンチがあるということは、すぐそばに〝**大チャンス**〟があることがほとんどです。

曇りの日は、自分の〝影〟は見えません。

晴れてくると、自分の〝影〟がくっきりと見えてきます。

同じように、〝ピンチ〟や〝苦境〟があるときは、チャンスの光も強くなっているのです。

そのとき、「わぁ～、ピンチだ～」と落ち込むのか、「光が強くなってきている！」と思うかで、その後の展開がまったく変わってきます。

闇が一番深いのは夜明け前です。

山登りでも疲れてきたら、もう山頂は目の前です。

前に進んでいるからこそ、影が出たり、疲れたり、ピンチに見えることがやってきます。

今のこの時期、心は元気なのに眠たくて仕方がなく、家に帰るとぐったりと寝てしまうという方も多いようです。

それは、地球の波動上昇にともなって、自分の魂が地球に生まれてきた目的を果たすため、つまり天命を果たすために、意識（心）と体を一致させているという場合がほとんどです。

「寝る子は育つ」と言われますが、赤ちゃんは眠っている間に、ものすごいレベルで成長・進化していることと同じです。

一見、大ピンチと思われることがやってきた場合、一番大切なことは、自分自身の**「思い（込み）」**と**「感情」**と**「エネルギー」**を整えることです。

その三つの内容の状態と同じ現実が引き寄せられるからです。

今、ピンチや影を感じているということは、幸せや素晴らしいことがすぐそばまで来ているかもしれないのです。「天命」を果たすべきときなのかもしれません。

ですが、せっかくピンチが訪れているのに、「くそ〜、なぜ、こんな目に！」などと思っていると、さらに「なぜこんな目に！」と思うことが起こってきます。「泣きっ面に蜂」状態です。

そういうときは。第四章でお伝えしている『リセットタッピング』や『リミットブレイクマスター』で「マイナスの思い込み」を手放しましょう。

できれば、その際には、「今まで、そんな思いや感情まで持っていたんだね。ありがとう」とやさしく言うと、さらに楽に手放せます。

あとは、ワンネスが〝自動的〟にあなたが望む未来に連れていってくれます。

「言霊《ことだま》」の効用

口から発するすべての〝言葉〟には、エネルギー（気）が宿っています。

いわゆる「言魂《ことだま》」と呼ばれているものですが、私たち日本人はそのことを古来より知っていました。

たとえば、「病気」という言葉を十回、繰り返し唱えてみてください。

自分のエネルギーが低下していく感じがわかるはずです。

次に、同じように「健康」と十回唱えてみてください。

今度は、活力が出てくるのがわかります。

「健康」に限らず、「幸せ」「豊か」「ありがとう」などの言葉も同様です。

特に、「ばかやろう！」と「ありがとう！」は、そのエネルギーの違いがはっきりと感じられると思います。

だからこそ、日本では〝正しい言葉〟というよりは、〝美しい言葉〟〝うるわしい言葉〟〝ゆかしい言葉〟などに重きがおかれ、また使われてきたのです。

エネルギーには〝波動〟（バイブレーション）がありますが、日本人は、できるだけ美しい波動を持った言葉を使おうとしてきたのかもしれません。

西洋の言葉と比較しても、論理性に長けた〝二項対立〟的な表現だけではなく、日本の言葉には独特のバリエーションがあります。

たとえば〝雨〟という言葉一つをとっても、実にさまざまな表現があります。「春雨《はるさめ》」「五月雨《さみだれ》」「時雨《しぐれ》」「霧雨《きりさめ》」「細雨《こさめ》」「俄雨」「長雨」「飛雨」「通り雨」「鉄砲雨」等々、キリがないほどあります。

さらには、「緑雨」「黒雨」「白雨」「桜雨」「紅雨」など、〝色〟にまつわる雨の言葉もあります。

雨に〝色〟を感じたり、川のせせらぎや梢の葉擦れ、虫の声や風の音に情緒をもって聴き入ることができる日本人は、世界でもまれな民族と言えそうです。

そうした感性の特徴を活かして、自然にある万物を畏敬しながら一万数千年もの間、日本では争いのない平和な時代、「縄文文明」を築いていました。

現代を生きる私たちにも、縄文の「和の心」は受け継がれているはずです。

ワンネスから教えていただいた〝方法〟（やり方）の一つに、**「〝なぜ〟を〝どうすれば〟に変えるだけで、驚くほど好転する」**というものがあります。

言霊のエネルギーの使い方によっては、ものごとを劇的に好転させられるということです。

たとえば、夫や妻、パートナー、子ども、会社の同僚、従業員、近所の人、知人など、誰でもよいのですが、その人がとんでもない失敗をしたりすると、ほとんどの方はこう言われるでしょう。もしくは思うはずです。

「なぜ、そんなことをしたの！」

その際に発せられる**「なぜ」は、その言葉を発した方の〝マイナス人生への入り口〟**かもしれません。

「なぜ！」や「どうして！」と発しているときの自身の思いや感情、エネルギーは、たいてい非常に低い波動である〝ストレスゾーン〟に入っています。

脳波で言えば、緊張とストレスを表わすベータ波やガンマ波が出ていますし、脳内ではアドレナリン、ノルアドレナリン、コルチゾールなどのストレスホルモンが放出されます。

結果、血管は収縮し、脳と心臓に血液が集まってのぼせてきます。

生命の危険があるような緊急事態ならともかく、普段の生活の中では一つもよいことはありません。

また、〝失敗〟をした対象者も、相手が自分を責めていることを脳内のミラーニューロン細胞を通して、非言語領域で認識しますので、対象者の心の中には〝反発心〟や〝抵抗心〟が生まれます。

結果、さらによくない方向に向かっていきます。

では、どうしたらよいのでしょうか？

そう、**「なぜ」**を**「どうすれば」**に**変えればよい**のです。

それだけで解決します。

「なぜ、そんなことをしたの！」と言いたくなるような気持ちになったら、**「どうすれば、解決できると思う？」**

そう言ってみてください。

たったそれだけのことですが、驚くほど事態が好転していきます。

可能であれば、そう言う前に数十秒、『リセットタッピング』を行なってください。

さらによい結果が起こってくるでしょう。


私のセッションを受けられた、まゆみさん（仮名）もそうでした。

まゆみさんには十五歳のお子さんがいます。そのお子さんが、不登校気味で悩まれていました。

このまま不登校が続いていけば、子どもの将来はどうなってしまうのか……そう考えると不安でしょうがなく、夜も眠れなくなるほどでした。

「なぜ、学校に行けないの！」

いつも、そんなふうにお子さんを責めていたそうです。

そのたびにお子さんは反発をしていましたが、いつしかほとんど口も聞かなくなってしまいました。

数年間、とてもつらい状況が続きました。

私はエネルギーセッションで、まゆみさんのお子さんに対する将来への不安を外していきました。

まゆみさんはようやく不安を手放すことができましたが、今後は私のセッションに頼らなくてもいいように、まゆみさんに合わせてカスタマイズしたメソッドをお伝えしました。まゆみさんご自身の力で幸せになってほしいからです。

私は〝祝題〟として、よくクライアントさん用にカスタマイズしたメソッドをお伝えすることがあります。

クライアントさんがそれを行なっていくと、クライアントさんも私も、うれしいことや祝いごとが増えるので〝祝題〟と名づけています。

実際にそのときも、しばらくしてまゆみさんから連絡をいただきました。

お子さんが〝自発的〟に学校に行かれるようになったとのことでした。

私は、「まゆみさんのそれまでの言葉から発せられていた〝言霊〟のエネルギーが、〝心配〟から〝信頼〟へと変わった証しですよ」とお伝えしました。

まゆみさんは、今では仲のよい親子関係を築かれています。

〃どうすれば〃がわからないときの宇宙的対処法

私はかつて、自分がなんのために地球に生まれてきたのか、何をするために生きるのか、まったくわかっていませんでした。

小学生だったころ、私は当時流行っていたそろばん教室に通っていました。

教室が終わるのは夜の七時くらいで、秋になると帰り道はすでに暗くなっていました。

自宅に戻るまでの間、私は毎日、あぜ道から夜空を眺めていました。

当時はたくさんの星々が瞬いていて、胸がきゅんとなるような、自分のほんとうの家がそこにあるような懐かしさを感じていました。

あぜ道に二十分くらい佇みながら、星に向っていつも同じ思いを投げかけていました。

「なぜ、僕は地球に生まれてきたの?」

「ほんとうの家（星）に帰りたい……」

極貧かつDV家庭に生まれたこともあり、ずっと悶々としていたからでしょう。

でも、なんの〃答え〃も得ることはありませんでした。

大人になってからも、ふと同じ思いが湧き起ってくるときがありました。

「自分の魂が地球に生まれてきた目的を知りたい」

「〝天命〟を持っているなら、その天命を果たすために何をすればよいのかを知りたい」

そう願いながら、気がつけば数十年が経っていました。


二〇〇八年のある日、その〝答え〟が突如、わかったのです！

雷に打たれたような衝撃が体を貫き、涙があふれてきました。

「世界が一つになる瞬間を仲間たちと一緒に見よう！」

「素晴らしい地球をみんなで創って、次世代に手渡そう！」

それこそが、私の魂が地球に生まれてきた目的、天命であることを〝思い出した〟のです。


本来なら、そこで〝ハッピーエンド〟です。

しかし、さらに苦悩は続きました。

前項の〝なぜ〟と〝どうすれば〟の話で言えば、〝なぜ〟に対する答えは得ることができましたが、〝どうすれば〟の答えが得られなかったからです。

「どうすれば、天命を果たせるのか？」

その答えはやってきませんでした。


二〇〇八年から三年後、二〇一一年三月一一日、東日本大震災が起きた翌日に〝答え〟がやってきました。

すでに述べましたが、被災された方々のお役に立ちたいとまるで神懸かりになったかのように、何かに突き動かされる感覚を得たときに、答えがやってきたのです。


ご自分の天命を知っている方でも、かつての私のように〝どうすれば〟がわからない方、あるいは〝どうすれば〟はわかっていても、〝自分なんかにできるわけがない〟といった「マイナスの思い込み」を持たれている方――そういう方々のお役に立てるようにお手伝いをすること、それが私の〝どうすれば〟の答えです。

「自分の魂が地球に生まれてきた目的」と「どうすれば天命を果たせるのか」の答えが、完全にそろった瞬間でした。

私の魂がお手伝いする対象者の方々は、地球の波動を上げるお役目を持たれている、いわば〝魂のキーマン〟の方々です。

まだ見ぬ〝魂のキーマン〟の方々に希望の光を灯していくこと。

その希望の光が連鎖していき、「和の心」となって世界が一つになる瞬間を見ること。

そうして、豊かで、幸せな、新たな地球を次世代に手渡すこと。

それが私の〝天命〟です。

そのことを思い出した瞬間から、私の考え方と行動は一変しました。

まるで、ワンネスが用意した〝宇宙ベルトコンベアー〟に乗せられているかのような状態となっていきました。

日々に出会う方々も一変しました。

そして、ワンネスから「三種の神器」を授かることになるのです。

それから十数年間、かけがえのない〝魂のキーマン〟である「虹の仲間」とともに、私は喜びの中で生きています。

もちろん、いまだ〝天命〟の道半ばですが、光の同志である虹の仲間たちとともに、素晴らしい世界を創っていければと思っています。

あなたが、今もし、〃天命〃や〃どうすれば〃がわかっていなくても大丈夫です！

天に向かって、「私の命を天命としてお使いください！」と大きな声で宣言すると、天（ワンネス）**に必ず届きます。**

あとは、自分自身の「プラスのエネルギー量」を高め、「行きすぎたマイナスの感情」や「マイナスの思い込み」を手放していくことで、ワンネスとも交信できるようになりますし、答えもやってきます。

「あなたは、あなた」でよい

人生には、いろいろなことがあります。

私の人生にもいろいろなことがありました。

極貧かつＤＶ家庭に生まれ、その後の家庭崩壊、数々の病魔との闘い、余命宣告、大地震の被災、重度のうつとパニック発作、リストラ……

「不幸のデパートや〜〜」

今でこそ自虐ネタを言えるのですが、十数年前まではそんな自分がイヤになり、発作的に何度、自分で自分を消そうと思ったかわかりません。

それまでの私は、お金、仕事、人間関係、健康、すべてにおいて〝人生の負け組〟でした。

そう〝思い込んで〟いたのです。

生きる希望も何もない約半世紀、私は鏡を見ることもほとんどありませんでした。正確に言えば、鏡を見るのが大嫌いでした。

目はうつろ、肌にハリはまったくなく、生気のない自分を見るのがイヤでイヤでたまらなかったのです。

エネルギーはゼロに近く、いわゆる自己受容もまったくできていない状態でした。

今でもときどき、〝そのころの自分〟が記憶に戻ってくることがあります。

以前の私なら、「あ〜、イヤだ！」そんなふうに思っていましたが、今は違います。

〝そのころの自分〟が愛おしくてたまらないのです。

私は小さいときから、野草や道端に生えている草花が好きでした。

小さな花を見つけては、「かわいいなぁ、きれいだなぁ」と思いながら、ずっとその場に佇んでいました。

遊び場だった神社で見つけた昆虫や鳥、青い空や流れる雲……私は自然が好きでした。人や生きものが大好きだったのです。

嫌いなものは自分だけでした。

今では自然や人と同様に、自分自身のことを認め、愛することができるようになりました。

〝ありのままの自分〟を愛するまで半世紀もかかった〝超不出来〟な私であっても、

「私は私。それでいい」

そんなふうに思えるのです。

そして、そう思えるようになってから、「三種の神器」をはじめ、さまざまなメンタルメソッドのインスピレーションをワンネス（宇宙の中心、根源）から授かることができました。

幼いころから欲しくて欲しくてたまらなかった、〝同じ思いを持ったかけがえのない仲間〟〝幸せな時間〟も手に入っています。

あなたも同じです。
何かができていても、できていなくても、あなたの存在自体が素晴らしい。
「あなたは、あなた。それでいい」のです。
自然は存在自体が完璧です。
ほかのものと比べることは無意味です。

今、私のいる部屋からは、青い空に白い雲がぽっかりと浮かんでいるのが見えます。
雲もまた、ただ存在してくれているのです。

第6章

「新たな地球」はあなたが創る！

間近に迫る人類の〝大転換期〟

これからの時代をひと言で表わすなら、〝大転換期〟です。

実際は、もうすでにその状態に入っています。

世界的パンデミックのコロナ禍により、私たちの生活様式は一変しました。

今回のパンデミックは、あらかじめ計画（プラン）されていた「プランデミック」とも言われています。

もし〝プラン〟なら、これはまだ〝序の口〟であることは明らかでしょう。

コロナが世界的パンデミックとなる二〇二〇年の前年、二〇一九年の初頭、私は体中の細胞が震えるような体験を何度もしました。

悪い意味で〝予兆〟を感じていたのです。

「来年二〇二〇年に、これまでに経験したことのないような世界的な危機が起こる」

「社会の根幹を揺るがすような事態となる」

「そのための〝解決策〟を作らなければならない」

そんな切羽詰まったような思いでした。

ちなみに、〝解決策〟というのは、在宅勤務やリモートによる仕事で新たに収入を得るといったような意味ではありません。

これから訪れてくる〝恐怖〟に足をすくわれないための、**〝魂の解決策〟**のことです。

言い換えれば、**〝魂を次元上昇させる手法〟**です。

「その手法を使って〝魂の目覚め〟を促せ」

そんな〝ワンネスからの声〟が絶え間なくありました。

その後、私は取り憑かれたかのようにさまざまなパワースポットに出向き、本書でご紹介させていただいた『マインドフルネスタッピング』や『瞬間瞑想』を行ないながら、ワンネスからの声を待ち続けました。

ワンネスからの声は、マインドフルネス状態となっているときに、期せずしてやってくるからです。

そうして受け取った声は、

「人々の〝業《ごう》〟を解く新たなメソッドを作り、手渡せ」

というものでした。

〝業〟は〝カルマ〟とも呼ばれ、「意志をもって行なう行為とその結果」のことです。過去生に限らず、私たちが「今、ここ」で意志をもって為している〝話し〟〝考え〟〝行ない〟は、すべて「業」（カルマ）となります。

過去生も含まれるわけですから、私たちはときには悪行を働いたり、逆に凄絶な目に遭ったこともあるはずです。

その結果として現われた、恐怖、怒り、悲しみなどの〝業〟を解く、**「赦《ゆる》しのメソッド」**が必要だったのです。

そして、そのメソッドは、私たちが共有する集合意識の層にまで働きかけるものでなければなりません。

意識の次元上昇を促す『ディメンションライザー』

当時、私はまわりにいた方々にそのことを訴え、想定できる世界的混乱としては、〝世界大戦〟〝地球規模の災害〟〝世界的な経済恐慌〟〝ウイルスのまん延〟などを挙げていました。

ただ、私は戦争や災害、恐慌やウイルスそのものよりも、〝計画〟されたパンデミックである「プランデミック」や、不確かな情報が急速に拡散されていく「インフォデミック」のほうが圧倒的に恐いことを訴えていました。

かつて日本が戦争に巻き込まれていったとき、多くの国民は平和を願っていました。

しかしそれもむなしく、国をはじめ新聞やラジオなどが発信する〝意図的に操作された情報〟によって、国民は誤った意識を植えつけられ、悲惨な戦争に向っていきました。

結果、多くの善良な市民や無邪気な赤ちゃん、子どもたちの尊い命が失われました。

そんな〝いつか来た道〟だけは絶対に通りたくない！　通ってほしくない！　という一心でした。

とは言え、今回の世界的なパンデミックはある種、〝起こるべくして起こった〟ものでもあります。

なぜなら、**地球規模で次元上昇**（アセンション）**が起こるためには、地球規模の〝揺さぶり〟が必要**だからです。

たとえば、水槽やプールなどの水の底に、キラキラと輝く宝石が沈んでいるとします。

そのままの状態では、宝石は浮かび上がることはできません。

しかし、水を大きくかき混ぜると、その勢いによって底にあった宝石が浮かび上がってきます。

同様に今回のパンデミックも、その意味では世界規模の大きな〝かき混ぜ〟（揺さぶり）だった可能性があります。

コロナ禍によって、世界中の多くの人々の〝**魂の目覚め**〟が促され、マスメディアの操作された情報や、国家や大企業が隠ぺいしてきた〝嘘〟を暴き、「真実」を追究して発信する「ライトワーカー」たちが増えてきているのは大きな希望です。

その「覚醒」をさらに進めるために一番大切なことは、〝業〟（カルマ）を手放していくことです。

しかも、自分自身のカルマだけではなく、その奥に広がる人類共通の集合意識の層に潜んでいるカルマを解放することです。

そのためにワンネスから新たに授かったメソッドが、**『ディメンションライザー®』**です。

開発に一年かかりましたが、ようやく開発できた喜びとともに東京で発表会を行なった当日、中国武漢市で新型コロナ感染者の第一号の報道がありました。

そして、養成講座を通してディメンションライザーの初伝授をする当日には、日本国内のコロナ患者第一号が発表されたのです。

ことごとくコロナウイルスと〝縁〟のあるメソッドですが、言い換えれば、コロナに関連する「集合意識下にある恐怖」を解き、意識を次元上昇させるためのメソッドでもあります。

つまり、ディメンションライザーは、個人の〝カルマ〟を解くだけでなく、人類の無意識層にまでアプローチし、人類の意識の次元上昇（アセンション、ディメンションライズ）を促すメソッドなのです。

ディメンションライザーは、マインドフルネスタッピング、エネルギーマイスター、リミットブレイクマスターの「三種の神器」の応用メソッドです。

「自分だけではなく、多くの方々の夢の実現のお手伝いがしたい」

「地球規模のアセンションを果たしたい」

そう思われている方は、きっとワンネスの導きによって、ベストのタイミングでこのメソッドを手にされることでしょう。

「大転換期」の今だからこそ、自分自身の魂と光を成長させるチャンスでもあります。

ワンネスは、あなたの魂の成長と進化を目を細めて温かく見守ってくれています。

「助けたい」という意識が「助けたい人」を生む

今、戦争や紛争、テロ、それらの影響による経済的混乱、物価の高騰等々、世界的な規模でさまざまな問題が起こっています。

そして、それらの問題で困っている方々をサポートするため、いろいろなボランティア活動やチャリティーイベントが行なわれています。

このような活動は素晴らしいことです。

ただ、**「誰か（何か）を助けたい」という〝思い〟と〝行動〟は、エネルギー的には注意が必要**です。

量子力学では、**「観測者が観測することによって対象物が現われる」**ことが実験で証明されています。

素粒子レベルのミクロの世界のことですが、近年では、そのミクロの集合体であるマクロの分野でも、同等の結果が得られる仮説も提唱されています。

つまり、「誰か（何か）を助けたい」と思っている〝観測者〟がいることによって、その通りの世界が広がるということです。

たとえば、あなたが「誰かを助けたい」と思っているとき、潜在意識では「困っている人がいる」と認識していることになります。

すると量子力学的な解釈では、あなたが「困っている人がいる」と観測したことによって、その瞬間に困っている人が現実世界に現われることになります。

アニメ『ドラえもん』で言えば、のび太くんが「ジャイアンなんていなくなればいいのに！」と思えば思うほど、ジャイアンに追いかけられ、イジメられてしまいます。

量子力学的解釈では、「ジャイアンがイヤだ！」と強く思えば、のび太くんが〝思っている通り〟の「イヤなジャイアン」が現われるからです。

ですので、〝お金に困っている人〟がいて、あなたが「なんとか助けてあげたい」と思うと、その人はさらにお金に困った状態に陥ります。もしくは、お金に困った人があなたのまわりに新たに現われます。

なぜなら、〝お金に困っている人〟と認識すると、〝お金に困っている人〟が現われる（増える）からです。

「困っている人を助けたい」と思っている間は、その対象の人は〝困ったままの人〟となります。


私自身がそうでした。

第三章でも述べましたが、私の場合は約半世紀にわたって、お金、健康、人間関係、プライベート……すべてに困っていました。

お金では、阪神大震災被災後に二重ローンを組んだこともあり、自己破産寸前でした。

健康面では、二十代後半に余命宣告を受け、その後もたびたび激烈な心臓発作を起こし、駅のトイレで倒れたこともあります。何度か死の淵をさまよいました。

人間関係でも問題だらけでした。

当時の私は、**「（困っている）自分を助けたい」**一心でした。

そのことによって約半世紀もの間、私の〝思い通り〟の「困っている自分」を具現化していたのです。死ぬか生きるかの超底辺の人生を送っていました。

そんな私でしたが、その〝仕組み〟に気づいてからは、人生が大きく好転していきます。

私のまわりにいる〝虹の仲間〟も同様です。

「○○を助けたい」に潜む〝エネルギー的落とし穴〟は、「助けたい」と思う気持ち（思い込み）**そのものにあります。**

〝エネルギー的落とし穴〟を「プラスのエネルギー」に変える

このことは経営者や各界のリーダーをはじめ、これから人の心のケアをして役に立ちたいと思われている方や、すでにメンタルケアをされている方、カウンセラーや医療従事者、子育てを含め、人を育成されている方などは特に気をつけていただきたいと思います。

ときとして、困っている人を助けて、感謝されることで自分が癒されたいと思ってしまうことがあります。その状態を〝共依存〟と言います。

もちろん、重い荷物を持って動けない人や怪我をされている人など、目の前で困っている人を助けることは当然です。

そうした急を要する場面以外では、ご縁のある人や他者に対して、やたら「助けたい」と思わないほうがよいでしょう。

「助けたい」と思う心の奥には、不安や心配などの「マイナスのエネルギー」が潜んでいるかもしれないからです。

「マイナスの思い」や「マイナスのエネルギー」は、相手にも確実に伝わります。

それは、脳科学では「ミラーニューロン効果」として証明されている現象です。

ミラーニューロン効果とは、自分自身の感情が脳内神経（ニューロン）を作り、それが相手にも鏡（ミラー）のように伝播し、自分と同じ感情を相手にも発生させることを指します。

つまり、自分の心の奥に不安や心配の気持ちがあって、相手を「助けたい」と思っていると、相手はより不安になってしまうということです。

そうすると、「助けたい」と思っている人と思われている人両方とも、エネルギー状態が下がってしまいます。

不安が強くなれば、より不安を強くする出来事が引き寄せられることは、先の量子力学でもわかっていますので、「助けたい」と思うことは、量子力学、脳科学の二つの観点から見てもマイナスの結果を生んでしまうことがほとんどです。

では、どうすればよいのでしょうか?

「○○を助けたい」に潜む〝エネルギー的落とし穴〟を「プラスのエネルギー」に変えてください。

方法は、次の三つのステップです。

一 不安や心配を『リセットタッピング』で手放す

わずか数十秒で大幅に不安や心配が軽減します。

『リミットブレイクマスター』のメソッドを使うとさらに効果が高まります。

二 自分自身の「プラスのエネルギー量」を高める

幸せなこと、ワクワクできることに意識をフォーカスします。

三 相手を〝信頼〟する

「心配より信頼」を心掛けましょう。

このことは、とても大切で効果もあります。もちろん、自分自身に対しても同様です。

「大丈夫だよ」

「私は信じてるよ」

ニッコリ笑顔で相手に、そして自分に、やさしくそう言ってあげてください。

あなたの温かい「プラスの思い」や「プラスのエネルギー」は必ず伝わりますから。

「新たな時代」のキーワードは〃和〃

これまでの時代は、〃目に見える世界〃を中心とした「物質至上主義の時代」でした。

その〃なごり〃は今もあります。

物質至上主義の時代は、「モノ」を得ている人に「権力」が集中する社会です。

モノや権力を得るために「お金」を求め、それらのためには他人を蹴落とすことも平気で行なわれます。戦争さえも厭わない世界です。

そんな物質至上主義の時代は、今や終焉を迎えようとしています。

そのことに気づかれている〃目覚めた〃方々も増えています。


では、「新たな時代」とは、いったいどんな時代になるのでしょうか？

私は**「心の時代」**に移っていくと考えています。

心の時代は物質至上主義の時代とは対極にあります。

他者を蹴落としたり、テロや戦争で敵の命を奪ってでも、お金、モノ、権力を得ようとする時代ではなく、笑顔、喜び、幸せ、平和が優先される時代です。

新たな時代には、〝自分さえよければ〟という発想はありません。

みんなで協力しながら豊かさを分かち合う、まさに楽園のような世界です。もちろんテロや戦争とは無縁です。

さらに言えば、〝人間さえよければ〟という発想もありません。人、動物、自然が共生する、地球にとってもやさしい世界です。

そんな理想の世界を創るキーワードは「和」です。

調和、平和、自分自身も含めて「和の心」で他者を労《いたわ》る世界です。

その世界は、かつての日本そのものとも言えます。

江戸時代、西欧や大陸から日本に来られた方々は、日本人の持つ霊性の高さに感嘆していたことが文献などでも明らかになっています。

礼節を重んじ、外国人をはじめ他者にやさしく接し、自然に敬意を払い、みんなが笑顔で調和している……そんな国は見たことも聞いたこともなかったためです。

私たちが日常、当たり前に使っている「いただきます」「ごちそうさま」「おかげさま」などの言葉にも、自然に〃生かされている〃ことへの感謝が現われています。

混沌とした世界を最後に救うのは、お金や武力ではありません。本来、日本人が持っているような、調和、平和、愛の「和の心」です。

「和の心」は、イソップ寓話『北風と太陽』の「太陽」です。

大きな和（大和）は太陽のように、荒《すさ》んだ心やエネルギーをやさしく溶かしてくれます。

もちろん、日本人以外でも「和の心」を持たれている方々は、たくさんおられるでしょう。

ただ、日本人のあなたが率先して「和の心」を意識し、「和のＤＮＡ」を起動させれば、素晴らしい世界があなたから広がっていきます。

女性をもっと大切にしよう！

「和の心」の一つに〝**女性性**〟があります。

女性性とは、肉体的なものではありません。

多くの女性が自然に持たれている、直感力、包容力、受容性、柔軟性、協調性、調和などを指します。

男性であっても、女性性を備えています。

これまでの時代は、論理、分析、評価、判断、決断、積極性、攻撃、支配など、〝男性性〟優位の時代でした。

もちろん、女性も男性性を持っています。しかし、この数千年間は、私は「行きすぎた男性性」優位の時代であったと思っています。

簡単に言えば、戦争や恐怖支配に代表される「弱肉強食」の時代です。

残念ながら今の時代の世界にも、宗教上の理由で女性が顔を隠さないといけなかったり、社会的地位が低かったり、立場が弱かったり、女性蔑視の国があることに心を痛めておられる方も多いはずです。

本来、女性が持っている愛と光を意図的に封印しているとしか思えません。

弱肉強食では何も解決しません。

ただ遺恨を残すだけで、一時的に〝勝った〟としても、時を経れば必ず同じ目に遭います。「投げたものと同じものが返ってくる」ことは、宇宙の法則だからです。

暴力と戦争による支配が数千年繰り返されている中で、世界中でただ一つ、一万数千年もの間、平和にあふれた文明がありました。

「縄文文明」です。

考古学的にも、喜びと幸せ、愛と調和にあふれていた「和の時代」でした。

女性をとても大切にしていたこともわかっています。


今、「女性にやさしい社会と世界」を創っていくことが急務です。

なぜなら、女性は年齢にかかわらず、リスペクトの対象そのものだからです。

男性をはじめ、誰もが女性から生まれています。

そのことだけでも、女性に対してリスペクトと感謝の気持ちを持つのは当然ではないでしょうか。


女性は存在そのものが「太陽」です。

女性がそこに笑顔でいるだけで、まわりに暖かい光や幸せが広がっていきます。

女性はそれほど存在自体が尊いのです。


もちろん〝男女〟ともに素晴らしいわけですが、「女性は力のある男性に従うもの」といういまだにある考えは、宇宙的には誤っています。

〝誤り〟に気づいたら、反省して修正していけばよいのです。

世界中がいっせいに〝女性性優位〟になることは難しくても、DNAに「和の心」が刻み込まれている私たち日本人から、その状態に〝戻っていく〟ことは可能です。

もし家庭を持たれている方であれば、ぜひ奥様を大切にしてほしいのです。

私は、経営者からエネルギーコンサルやエネルギーセッションの依頼を受けることも多いのですが、奥様や家庭、従業員、お客様を大切にすることを実践していただくと、会社の業績も上がっていきます。

そのことは、どんな仕事でも同じです。

まず身近な女性に敬意を払い、大切に扱いましょう。

それはやがて、「家庭平和」「地域平和」「日本平和」「世界平和」へと連鎖してつながっていきます。

行き着く先は「世界平和」

二〇一一年三月一一日の東日本大震災を機に、突如、さまざまなインスピレーションをワンネス（宇宙の中心、根源）から授かるようになったことはすでに述べました。

それまで〝超どん底の半世紀〟だった私の日々も、おかげさまで劇的なＶ字回復を果たし、現在は幸せで満ち足りた生活を家族と送っています。

もちろん、身の丈にあった「足るを知る」ということを肝に銘じています。

ただ、私の夢（地球に生まれてきた魂の目的）は、「世界が一つになる瞬間を虹の仲間たちと一緒に見よう！」ということですので、その意味では〝まだまだ〟と思っています。

私のまわりにいる人、ご縁のある人たちに加えて、世界中の方々が幸せで満ち足りた日々を送っていただけたらうれしいなと思っています。

そのための活動は生涯、続けていくつもりです。

きれいごとでもなんでもなく、自分自身が幸せでいるためには、まわりの人たちの幸せも欠かせないからです。

リミットブレイクマスターの行き着く先は、「世界平和」です。

なぜなら、**「自分平和」は「世界平和」に直結する**からです。

リミットブレイクマスターで「マイナスの思い込み」を手放し、身軽になっていくことで、今まで叶わなかった夢や願いが次々と叶っていきます。

言い換えれば。〝個別アセンション〟が起こるということです。

〝アセンション〟とは、エネルギーの次元が上昇する（ディメンションライズする）ということです。

そして、その喜びや幸せは〝集合アセンション〟につながっていきます。

あなた自身を整えていくことが、世界平和、地球平和にまでつながっていくのです。

ちなみに、個別アセンションをすると、あなたの大切な人やご縁のある人も、同時にアセンションできます。

個別アセンションを通して、あなた自身が「新たな世界と地球」を生み出すためです。

あなたから広がる「リアルパラレルワールド」

あなたから「新たな地球」を生み出すためには、すでにはじまっている「人類の大転換期」の〝エネルギー的強風〟を利用するのです。

通常、台風や嵐がやってくるのになんの備えもしていなければ、家屋は甚大な被害を受けてしまいます。

同じように、**〝エネルギー的強風〟**に対する準備をして、強風の持つ大きなエネルギーを「上昇気流」に変えることができれば、あなたは**〝リアルパラレルワールドの体現者〟**となります。

〝リアル〟をつけているのは、ＳＦ映画やアニメのバーチャルな世界でなく、実際の現実の世界を創っていくことができるからです。


〝エネルギー的強風〟はすでに吹きつけています。

それは、私たちの「魂の覚醒」を促してくれています。

今は、その〝追い風〟に乗ることによって、あなた自身が世界と地球にとって〝希望そのもの〟となる段階に来ています。

あなた自身の思い、感情、エネルギーが整うことで、あなたのみならず、あなたを取り巻く世界そのものが一変するでしょう。

あなたは文字通り、「創造主」そのものなのです。


リアルパラレルワールドを創造していくには、まず個別アセンションを果たすことです。

誰かがアセンションをしてくれることを待っている状態では、アセンションの波に乗ることはできません。

〝自分はアセンションは起こせない〟という「マイナスの思い込み」がある場合は、その通りに個別アセンションを起こせない世界が広がります。

〝傍観者〟の立場にいては、何も変化は得られません。

むしろ強風に翻弄されてしまうでしょう。

その意味でも、誰かに期待するのではなく、自分自身の思い、感情、エネルギーを整え、そのうえでアクションをとっていくことが大切です。

リミットブレイクマスターを含む「三種の神器」は、リアルパラレルワールドを体現するツールです。

まずは、あなた自身の心に希望の光を灯せば、家庭が平和になり、次にまわりの人や地域が平和になり、その光の波動のリレーが世界平和につながっていきます。

あなたから素晴らしい世界を開いていきましょう。

そして、新たな地球を次世代に手渡していきましょう。

新たな地球は〝あなた〟から創られる！

どんなことがあっても、自然は時を止めることがありません。

晴れの日があり、雨が降り、風が吹き、春には新芽が萌え出て、花を咲かせます。

赤ちゃんや小さな子どもたちも日々、すくすくと育っていきます。

絶え間のない時の流れ、自然や生命の持つ息吹きには、いつも感動を覚えます。

自然や赤ちゃんは、ネガティブなニュースなどに惑わされることがありません。


私たち大人はどうでしょうか？


すべての〝求心力〟は、自分自身の「思い・感情・エネルギー」です。

自然や赤ちゃんがすくすくと育つのは、**不安や心配とは無縁の〝無邪気〟な世界に生きているから**です。

私たち大人も同じです。

本書でお伝えしているメソッドによって、自分で自身を赤ちゃんのようなエネルギー状態にまで高め、整えることができます。

そうすると〝**未来**〟が変わります。

〝今、この瞬間〟から変わるのです。


どんなことが起こっても、どんな状況になったとしても、未来を切り開くのはひとりひとりの個人です。

宇宙も応援してくれています。

あなたは宇宙の一部です。

地球には無駄な人、無意味な人は誰ひとり存在しません。

その中でも、あなたは特別です。

あなたが宇宙を創る中心だからです。


あなたの未来は無限に広がっています。

おわりに

最後までお読みくださいまして、ありがとうございます。

いかがでしたでしょうか？

「心が軽く、前向きになった」

「これなら私でも実践していけそう」

「自分で素敵な未来を創ってみよう」

そんなふうに感じていただけたなら、うれしいです。

なぜなら、あなたは**世界と地球の未来にとって〝希望〟そのもの**だからです。

今、いろいろな方々が、これから世界に起こることを予言されています。

中には、壊滅的な未来を予言されている方もいます。

それらの言葉によって、不安や恐怖を抱いている方もおられるかもしれません。

ただ、私は断言します。

未来は変えることができます！
あなたが望む未来を創ることができます！

最先端の科学でも示唆されてるように、**今、そして未来は、自分自身の〝思い込み〟通りに変えていける**のです。

不安や恐怖に囚われていれば、その通りの未来となっていくでしょう。

自分自身の「プラスのエネルギー量」を高め、「行きすぎたマイナスの感情」や「マイナスの思い込み」を手放して、心の中に希望の光を灯したなら、その通りの未来が開けていくでしょう。

今、この瞬間、そしてこれからの未来の地球を創るのは、「一人一宇宙」の中心である〝あなた〟です。

映画にたとえるなら、監督兼主人公です。

どのような〝映画〟でも作ることができるし、どのように演じることも可能です。

舞台もキャストも、あなたが決めることができます。

本書でお伝えしました『リミットブレイクマスター』を通して、**「限界突破の達人」**となっていただき、豊かさ、喜び、幸せにあふれた映画を作っていきましょう！

「新たな地球」「希望の未来」は、あなたから創っていけるのです！

最後に、いつも笑顔で支えてくれる家族。魂と光の同志である、かけがえのない存在の虹の仲間。本書を手に取ってくださいましたあなた。前作に続いて魂の編集をしてくださいました五目舎代表の西塚裕一様。数々のご縁をつないでくださいました田中智絵様。たくさんの素晴らしい動画作成をしてくださいました大内将之様。素晴らしいマインドを持たれているナチュラルスピリットの皆様。

そして、株式会社ナチュラルスピリット今井社長に深く感謝します。

あなたとのご縁に感謝を込めて

とみ太郎こと山富浩司

山富浩司（やまとみこうじ）

愛称とみ太郎。和の願望実現加速の専門家。一般社団法人イーモアマインドクリエーション協会代表理事。エネルギーマイスター®、マインドフルネスタッピング®、リミットブレイクマスター®の創始者。『願望実現の公式』発案者。

兵庫県姫路市生まれ。幼少期のDV体験、20代で余命宣告、阪神・淡路大震災の被災、2011年のリストラ宣告等、逆境の連続。東日本大震災直後に自身の天命を知り、25年間研究を続けてきた『願望実現の公式』を完成させる。以降、超V字回復を果たし、劇的に人生が好転していくことになり、経営者をはじめ各界のリーダーを含む多くの方に、エネルギーセッション、コンサル、講座等を通して“和の願望実現”方法を伝えている。ポリシーは、「セッションでリピーターを作らない」「誰でも夢は必ず叶う！」。夢は、「世界が一つになる瞬間を虹の仲間とともに見る」「7世代先まで調和にあふれた世界と地球を次世代に手渡す」。

『「和の引き寄せ」を加速するマインドフルネスタッピング』（KADOKAWA）、『マイナスの感情を手放すと、プラスの未来がやって来る』（三笠書房）、『「引き寄せの公式」CDブック』（マキノ出版）、『こうして宇宙銀行から「幸せなお金」がやってくる』（大和出版）他、大手書店総合ランキング1位、アマゾンベストセラー1位（部門別）の著書多数、累計30万部。

◇メルマガ「あなたはもっと幸せになっていいんです！」
https://www.reservestock.jp/subscribe/22658

◇ブログ：アメブロ「エネルギーが変われば、すべてが変わる！」
https://ameblo.jp/tomitarou1

◇Facebook ／山富浩司
https://www.facebook.com/koji.yamatomi

◇イーモアマインドクリエーション協会ホームページ
https://www.e-more.org/

リミットブレイクマスターの最強法則

●

2024年11月1日　初版発行

著者／山富浩司

装幀／福田和雄（FUKUDA DESIGN）
イラスト／月山きらら
編集／五目舎
DTP／株式会社エヌ・オフィス

発行者／今井博揮
発行所／株式会社 ナチュラルスピリット
〒101-0051 東京都千代田区神田神保町3-2 高橋ビル2階
TEL 03-6450-5938　FAX 03-6450-5978
info@naturalspirit.co.jp
https://www.naturalspirit.co.jp/

印刷所／創栄図書印刷株式会社

ISBN978-4-86451-493-4 C0011

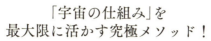

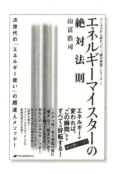